小学语文有效教学艺术探究

史晓慧　著

延吉·延边大学出版社

图书在版编目（CIP）数据

小学语文有效教学艺术探究 / 史晓慧著. -- 延吉：

延边大学出版社，2024.6. -- ISBN 978-7-230-06782-9

Ⅰ. G623.202

中国国家版本馆 CIP 数据核字第 20243PD168 号

小学语文有效教学艺术探究

著　　者：史晓慧
责任编辑：王宝峰
封面设计：文合文化
出版发行：延边大学出版社
地　　址：吉林省延吉市公园路 977 号　　　邮　编：133002
网　　址：http://www.ydcbs.com　　　　　E-mail：ydcbs@ydcbs.com
电　　话：0433-2732435　　　　　　　　传　真：0433-2732434
印　　刷：长春市华远印务有限公司
开　　本：787 毫米×1092 毫米　1/16
印　　张：8.75
字　　数：150 千字
版　　次：2024 年 6 月第 1 版
印　　次：2024 年 7 月第 1 次印刷
书　　号：ISBN 978-7-230-06782-9

定　　价：49.80元

前　言

　　小学语文是小学阶段的一门基础性课程。学生在小学阶段的语文学习对培养其文学修养及人际交往、知识运用等能力都具有较大的促进作用。目前，我国新课程改革正处于不断深入的阶段，传统的教学模式和方法均得到了一定的改革和创新，教师的教学观念也发生了变化，语文课堂重新焕发了生机与活力。但是，小学语文课堂依然存在着一定的问题，比较突出的有小学生课堂学习效率低下，在语文课堂学习的过程中无法掌握有效的学习手段和方法。这影响了小学生的学习和发展。

　　本书从小学生语文课堂学习现状出发，结合小学语文教学实践，立足于教育科学研究，探讨了语文课堂有效教学艺术的构建，阐述了小学语文课堂的提问艺术的价值及其应用，分析了小学语文不同知识的教学方法与手段等，讨论了小学语文教学的评价艺术。本书力求展示新课程标准下小学语文教育的方向，对小学语文教育教学方式以及学习方式的变革有一定的理论意义。本书主要适用于小学语文骨干教师培训，也可供小学语文教师新课程培训使用。

　　本书有以下特色：

　　第一，体现新背景下的新教法和新学法。本书紧扣"新"来设计全书整体内容，体现出新背景、新教法和新学法。结合小学语文课程标准，对旧知识做了更新，突出信息时代的教学特色。针对全国小学语文课本改版的新内容，本书特别指出其编排特点，以便教师和学生了解；教师按要求设计教案，学生在无形中也接受了新课程的培训；同时添加新的教学活动设计等。

　　第二，实用性强。针对小学语文教师各个层次的需求，知识点和教学设计尽量细化，理论知识尽量结合具体案例。在案例展示上，全部采用新版小学语文教材中的课文，根据"部编版"小学语文教材的特色和要求进行有针对性的教学设计，具备较强的可操作性和实用性。

　　第三，通俗易懂，方便阅读。本书体例清晰，内容全面，理论与案例相结合，语言通俗易懂，便于阅读和学习。

　　第四，展示规范的教学设计案例。书中案例以《义务教育语文课程标准（2022 年版）》的要求为设计依据，突出课程理念和分段目标，案例展示部分每个环节和步骤讲解清晰，在没有教师指导的情况下学生也能自学，能起到规范和示范作用。

第六，专业化归类和解析阅读课文。本书对小学语文课文做了详细的分类和介绍，既符合小学语文课程标准的阅读要求，又添加小学语文课程标准中没有细化的内容，便于学生学习。

本书由史晓慧负责编写、郭泳仪负责整理书稿工作。

本书在编写过程中，笔者参阅和引用了大量相关的研究成果，在此谨向有关作者表示诚挚的谢意。

由于水平所限，难免还会有纰漏和谬误。恳请各位专家和教师不吝赐教。

作者

2023 年 10 月

目　录

第一章　小学语文教学艺术概述

第一节　有效教学与教学艺术概念

《义务教育语文课程标准（2022年版）》明确指出："语文是最重要的交际工具，是人类文化的重要组成部分。工具性与人文性的统一，是语文课程的基本特点。"语文课程应致力于学生语文素养的形成与发展。语文素养是学生学好其他课程的基础，也是学生全面发展和终身发展的基础。语文课程的多重功能和奠基作用，决定了它在九年义务教育阶段的重要地位。现代社会要求公民具备良好的人文素养和科学素养，具备创新精神、合作意识和开放的视野，具备包括阅读理解与表达交流在内的多方面的基本能力，以及运用现代技术搜集和处理信息的能力。语文教学应该而且能够为培养和造就一代新人发挥重要作用。为适应和满足社会进步与学生自身发展的需要，语文教学必须在课程目标和内容、教学观念和学习方式、评价目的和方法等方面，进行系统的改革。

在新课程改革背景下，有效教学艺术对提高小学语文课堂教学效果，培养小学生的语文能力具有重要作用。

一、有效教学的含义及特征

如何理解"有效教学"是有效教学研究的基础，也是有效教学研究的难点。我国学者对有效教学的概念理解主要有以下几种观点：

第一，从有效教学的语义构成分析。

崔允漷从"有效"与"教学"两个方面进行了分析。所谓"有效",主要是指通过一段时间的教学之后,学生所获得的具体的进步或发展。所谓"教学",是指教师引起、维持或促进学生学习的所有行为。这种观点认为,有效教学中的"效"主要指教学效益;有效教学是寻求教学效益的活动。有效教学研究的核心问题是如何提高教学效益,而学生有无进步或发展是教学有没有效益的唯一指标。此外,这种分析在某种程度上对"有效教学"造成偏差,不利于体现教师在教学中的地位及对生成性课程的关注,也忽视了对"有效"本身的深入探讨。

姚利民也认为,揭示有效教学的内涵应紧扣"教学"和"有效"这两个概念。首先,从"教学"的内涵来看,有效教学是教师"教"的活动即教学过程的有效性。教学过程有效性即指教学符合教学规律。其次,从"有效"的内涵来看,有效教学表现为教学有效果、有效益和有效率。所谓教学有效果,主要是指通过教师的教学,学生所获得的进步和发展;教学有效益反映的是教学活动的结果与教学目标、教学目标与特定的社会和个人的教育需求是否吻合;教学有效率是指在一定的教学投入内产生了尽可能大或多的教学产出。姚利民是从经济学的观念来解析有效教学中的"效",由于教育效率、教学效果、教学效益分别对应不同层次的评价目标,因此有效教学的评价标准不是单一的,而是多元的。此观点认为教育效率、教学效果、教学效益三者之间是递进关系,其中教学效益是最高或最终目标,即教学目标与个人、社会的教育需求相符是有效教学的最高或最终目标。

宋秋前深化和具体化了姚利民关于有效教学的内涵分析,他认为有效教学是师生遵循教学活动的客观规律,以最优的速度、效益和效率促进学生在知识与技能、过程与方法、情感态度与价值观"三维目标"上获得整合、协调、可持续的进步和发展,从而有效实现预期的教学目标。

第二,从有效教学的理解层次分析。

龙宝新和陈晓端从概念重构的角度对有效教学进行结构化分析,将有效教学分为表层、中层、深层三个层面来进行剖析和界定。首先,从表层分析,"有效教学"是一种教学形态,它兼具一切"好教学"的品质特征。其次,从中层分析,"有效教学"是一种教学思维。具体地说,它是为逼近"有效"的目标而对教学进行的科学控制与情感调适,是潜藏在"好教学"背后的教学逻辑。从深层分析,"有效教学"是一种教学理想,其意义是为现实教学产生一种动力、牵引、导向作用。其内涵表现为积极倡导创新精神和实践能力,促使学生自主合作探究,追求多元智力发展,强调整合、弹性、参与等。

综合上述三个层面看,"有效教学"应是一个动态的转化过程:从有效的理想转化成有效的思维，再转变为有效的状态。这种观点视角很独特，它不同于以往的研究，没有专门对有效教学的概念进行剖析和解读，而是将有效教学看作形态、思维、理想三个层面动态转化的过程，这是对有效教学含义的全新认识。

（一）有效教学的定义

有效教学是师生遵循教学活动的客观规律，以最优的速度、效益和效率，促进学生在知识与技能、过程与方法、情感态度与价值观"三维目标"上获得整合、协调、可持续的进步和发展，从而有效地实现预期的教学目标，满足社会和个人的教育价值需求而组织实施的教学活动。

这一定义主要包含以下几层含义：

第一，有效教学的评价标准是学生的有效学习，其核心是学生的进步和发展。教学是否有效，关键是看学生的学习效果，看有多少学生在多大程度上实现了有效学习，取得了怎样的进步和发展，以及是否引发了学生继续学习的愿望。

第二，整合、协调地实现教学的"三维目标"是学生进步和发展的基本内涵。学生的进步和发展并不只是传统教学强调的知识和技能的掌握，而是学生在教师引导下在知识与技能、过程与方法、情感态度与价值观"三维目标"上获得全面、整合、协调、可持续的进步和发展，是注重全面教学目标的进步和发展。如果背离或片面地实现教学目标，那么教学就只能是无效或低效的。

第三，学生的进步和发展是通过合规律、有效果、有效益、有效率、有魅力的教学获得的。教学是否有效，既要看教学目标的合理有效性及其实现程度，也要看这种目标的实现是怎样取得的。合规律，即教学的效果和学生的进步、发展，不是通过加班加点、题海战术、机械训练或挤占挪用学生的自主学习时间和其他学科教学时间等损害学生可持续发展的途径取得的，而是从教学规律出发，科学地运用教学方法、手段和策略实现的。有效果，主要是指通过教学给学生带来的进步和发展。有效教学的评价标准不仅要看教师的教学行为，更要看教学后学生所获得的具体进步或发展。有效益，即有效教学不仅要求教学有效果，而且要求教学效果或结果与教学目标相吻合，满足社会和个人的教育需求。教学有效率，主要是指通过教师的教学活动，让学生以较少的学习投入取得尽可能好的学习收益。

（二）有效教学的特征

1.以学生发展为本的教学目标

有效教学坚持以学生发展为本的教学目标，不仅关注学生的考试分数，更关注学生体魄的健壮、情感的丰富和社会适应性的提升，从知识和技能、过程和方法、情感态度和价值观三个维度上去促进学生个体的全方位发展，使获得知识与基本技能的过程同时成为学会学习和形成正确价值观的过程。"三维目标"是一个完整、协调、互相联系的整体。因此，有效教学认为教师应树立教学目标的整体结构观念，全面实现三维目标，使教学目标价值的实现统一于同一个教学过程，从而充分实现教学的基本价值，促进学生全面和谐地发展。

2.预设与生成的辩证统一

有效教学既是预设的，又是动态生成的，是充分预设与动态生成的辩证统一。预设是生成的前提和基础，生成是预设的超越和发展。

为了正确处理预设与生成的辩证关系，提高教学的有效性，在实践中应特别注意以下几点：第一，精心预设，为各种可能的生成做好充分的准备。第二，有效生成要立足于文本的重点、难点进行生成。第三，教师是课堂智慧生成的"助产士"、引领者和创造者；要做"麦田守望者"，不让学生迷失于"课堂生成"；要做课堂智慧的创造者，机智地对待课堂中的动态生成，灵活地调整教学策略。

3.教学有效知识量高

所谓教学的有效知识是指教学中学生真正理解并有助于其智慧发展的知识，是能提高学生有效知识的知识。教学有效性的法则就是教学的效果取决于教学的有效知识量。如果教学的有效知识量为零，则教学效果也为零；教学内容不论如何正确、科学，都属于无效教学。

教学知识的有效性是保证课堂教学有效的一个十分重要的条件。任何知识，就其存在的价值，从发生学意义讲，都是有效的、有价值的。但是，从教学论意义讲，教学知识可分为有效知识和无效知识两大类。科学的教学内容如果传授方法不当，不能与学生的认知结构发生实质的、有机的联系，教学的效果仍然可能很差甚至出现负效。教学效果取决于教学的有效知识量，而不是教学传授知识的多少和教学时间的长短。

4.教学生态和谐平衡

有效教学区别于无效、低效教学的特征主要有以下几方面：

（1）教学方式结构的和谐平衡。有效教学主张根据教学的目标任务和学生学习的实际，把接受学习与探究学习，个体独立学习与小组合作学习，内化学习与外化学习，自主学习与制度化学习等多种教学方式有机结合起来，形成一个开放、动态、和谐、平衡的教学方式结构；反对把接受学习与探究学习、个体独立学习与小组合作学习等学习方式对立起来的极端化倾向，反对形式主义地开展探究和合作学习。一个有效教学的教学方式结构，常常表现为各种教学方式的和谐、平衡地运用，而不是把各种教学方式割裂开来。当然，教学方式的和谐平衡，并不是简单地、机械地搞平均主义，而是从实际出发的一个开放、动态的平衡系统。

（2）教学思维结构的和谐平衡。任何教学内容都是通过一定的教学思维进行传授和学习的，同样的教学内容以不同的教学思维进行教学，其效果是不一样的。如果教学思维清晰、结构合理、辩证全面，则教学有效性就高；反之，就会下降。现实教学的缺陷之一是教学思维方式的单向性和片面性，重逻辑思维轻直觉思维，重演绎思维轻归纳思维，教学思维缺乏清晰、合理和平衡的结构。因此，在教学中科学地把逻辑思维与直觉思维、演绎思维与归纳思维结合起来，使教学思维清晰有序、和谐平衡，改变教学思维方式单一片面的现象，是提高教学有效性的重要途径，也是有效教学的基本特征。

（3）教和学的和谐平衡。有效的教学既有赖于教师的优教，又有赖于学生的优学，两者和谐才能提高教学的有效性。首先，有效教学要求教师主导作用与学生主体作用的辩证统一。其次，有效教学要求教师教学过程与学生学习过程的和谐平衡。教师的教是为了促进学生的学，学生的学需要教师教的帮助，只有两者和谐平衡，才能达到教学的目的。最后，有效教学要求教师专业成长与学生发展的和谐平衡。教学过程既是一个教会学生"学会学习"的过程，也是一个教会教师"学会教学"的过程；有效教学既有赖于"有效教师"，又有赖于"有效学生"。

（4）课堂环境的和谐平衡。课堂环境包括物理环境和心理环境，其是教学生态的重要组成部分。课堂环境和谐平衡就是指课堂的物理和心理环境能增进学生良好的情感体验，师生处于一种相互尊重、友好合作、充满人性关怀和具有较高心理安全感、舒适感、归属感的氛围中。实践表明，课堂环境直接关系着学生对教学和教师的情感与态度体验，是影响课堂教学有效性的重要因素。

5.学生发展取向的教师教学行为

教师在教学中既要准备充分、组织科学、讲解清晰，又要改变传统的以教师为中心的教学行为模式，并代之以学生发展为取向的教师教学行为。

（1）变牵着学生走为跟着学生走。"跟着学生走"的教学则是教师在课前充分预设和精心准备、设计的基础上，在教学中根据教学目标、学生的实际和遇到的问题，动态生成课堂资源、教学细节和程序，为学生的学习提供针对性的支持和帮助，让学生按照预设的教学和目标任务，通过主观能动地学习，建构自己的知识体系，树立创新意识，从而学会学习，促进自身的成长和发展。

（2）把思维过程还给学生。当代有效教学理论强调，在教学中，教师应改变传统教学中以教师的探究代替学生的探究、以教师的思维代替学生的思维、以教师的活动代替学生的活动的弊端，真正把课堂学习的权利还给学生，把本属于学生的思维过程还给学生，把本属于学生的读、写、思、研还给学生，从而把学生的自主学习和教师的指导帮助在教学过程中有机和谐地统一起来，提高教学的有效性。

（3）变"教教材"为用"教材教"。"教教材"，就是把教材里的内容按部就班地讲完了事，教材上有什么内容，就讲什么；教材里怎么说，就怎么讲，至于教材教完后，课程目标是否真的实现了则是很少考虑的。用"教材教"则不同，它把教材只是作为实现课程目标的手段和途径，教学的目的是用教材来完成教学任务，实现课程目标，评价教学是否有效的标准是教学的三维目标是否实现。

二、教学艺术概念及特征

（一）教学艺术的含义

教学艺术是指教师在教学活动中，遵循教学规律，创造性地运用各种方法和美的形象，使学生在愉悦中高效率进行学习的精湛的教学技能技巧。

从教学艺术的含义中，首先可以看到教学是科学与艺术的统一。我国近代的俞子夷先生曾认为：教学生，如果没有科学的依据，好比盲人骑瞎马，实在危险；但如果只有科学的依据而没有艺术的手段处理，就难以应对千变万化的学生。所以，教学一方面要以科学做基础，另一方面又要以艺术作方法。教学艺术是创造性地进行教学工作。有的学者认为，达到了某些要求的创造性工作便是艺术。艺术性的东西，就是把技能和感情以一种特殊的方式结合起来，使创造性的成品赋有一种美。教学艺术是在教学中独创性地运用各种方法和美的形象的体现。其次，教学艺术是使学生在愉悦中进行高效率的学习。正如卢梭所说，"教育的艺术是使学生喜欢你所教的东西。"夸美纽斯也认为，教学是一种教来使人感到愉快的艺术，教学不只是直接给学生知识，还要唤起学生自己求得知识的强烈欲望。教学的艺术就在于为学生创造出一个最适合于自己去寻找知识的意境来，使学生能够高效率地进行学习。最后，教学艺术是在师生共同活动过程中，教师运用精湛的教学技能技巧的体现。高超的教学艺术是从教师的教与学生的学的和谐中反映出来的，这种和谐体现了教师运用教学技能技巧的精湛。

（二）教学艺术的特征

在对教学艺术本质分析的基础上，教学艺术具有如下基本特征：

1.教学艺术的创造性

创造是艺术的本质特征，也是教学艺术的根本特点之一。教学艺术是教学实践艺术化的过程，在这一过程中，绝不是机械、平板地照搬原来的经验，而是能动地加工制作。教学艺术能动发挥的过程，必然是一个创造的过程。在教学中，教学艺术高超的教师绝不会墨守成规，而是每一节课都有创新。我国作家苏灵扬说："教师之所以称作艺术家，是因为教师劳动本身就是创作，而且比艺术家创作更富有创造性。"

教学艺术同其他艺术比起来，更具有独创性。因为，教学艺术创造的"产品"不是一般的物品，而是富有思想、个性、情感的人才，他具有完善的人格。由于教师面对的是活生生的人，教学的内容、方式和方法要因人而异，而教学中没有一套现成的模式，这就要求教师具有一定的创造性。相比之下，艺术的对象要简单一些，稳定一些。因此，教学艺术创造性表象得更为高级和突出。

教学艺术的创造性特征主要体现在教学准备、教学设计和教学实施中。

在教学准备阶段，教师要处理的是教学内容，对教材的处理，如同导演处理剧本一样，要经过一个艰苦的创作过程。对教材内容的取舍，如果教师深入挖掘和整理教学内容以及搜集教学资料只是停留于表面，没有自己独到的见解，上课就很难得心应手、引人入胜，也难以取得良好的教学效果。

在教学设计阶段，教学艺术创造性主要体现在教案设计上。因为，在教案中要确定教学的重点、难点，要选择恰当的教学方法和教具，要调整教学内容的深浅、虚实、轻重和主次等，还要对教学语言、开讲、提问、结果等进行计划安排。所有这些都要求教师要具有创造性。由于每个人的理解不同，达到同样的教学目的会采用不同的教学设计，教师只有精心设计教案，才能实现预期的目标。

在教学实施阶段，教学组织往往更重要。因为，教学活动的过程是复杂的动态过程，在教学中往往会发生意想不到的事情，这就要求教师必须具有随机应变的灵活性和独具特色的创造性来处理教学中出现的问题。教学艺术高超的教师更能发挥教学艺术的创造作用，通过组织教学，可以让独具个性特色的学生"活"起来，保证教学活动顺利完成。没有创造性的教学，教学艺术也就无从谈起。

2.教学艺术的形象性

形象性是借助于语言、表情、动作、绘画和音像等方式。对外部世界和人类内心世界进行描绘。教学的形象性在于教师借助比喻、描绘等手法，使学生在感性认识的基础上理解抽象的概念、定理和规律，启迪思维，掌握知识。教学艺术的形象性可以通过动作、表情、图案、板书等来表现，还可以通过多种现代化教学手段来表现，但最主要的实现工具还是教师的语言形象，即通过语言类比、比拟等以生动直观的描述来实现。因此，教师应加强语言修养，提高语言的形象性。

教学艺术的形象性符合小学生思维发展的特点。教学过程中教师可以从形象思维入手，借助语言、表情等进行教学信息的传递，达到传授知识和进行思想品德教育的目的。教学艺术的形象性重在以形感人，生动直观。加强教学的直观性不仅可以使学生在感性认识的基础上理解并掌握知识，而且可以丰富他们的想象力，发展其创造性的思维能力。教学艺术的形象性也能增强教学的审美价值，使教学活动变得生动形象。

3.教学艺术的情感性

同教学科学相比，教学艺术具有突出的情感性特征。如果说科学的教学主要是运用理性，那么艺术教学主要是运用情感，以情感人。教学是师生双边的活动，教学中传递的不仅仅是知识，还有人与人之间的情感交流。在现代教育理念下，培养情感成为一项重要的教学任务，情感既是教学目的，又是教学手段。现代心理学也表明，情感不仅具有动力作用，而且能调节理智和心理，消除疲劳，激活思维创造力。没有情感的教学是不可想象的。正如赞可夫所说："未经人的积极情感强化和加温的知识，将使人变得冷漠，由于它不能拨动人们的心弦，很快就会被遗忘。"

教学艺术的情感性体现在教师教和学生学两个方面。从教师教的方面看，教师创造并利用积极的情感影响学生的认知活动。课堂教学中，教师要培养学生积极的情感，促使学生带着情感去学习，学生记忆、想象的认知活动就会更加活跃，更有利于提高教学效果，教师良好的情感对学生具有感染作用，情感是一种靠内心体验逐渐积累起来的社会产物。前面说过，教学是教师之间相互交往的过程，这种交往为情感的传递创造了条件。教师运用丰富的语言描述，用自己的情感打动学生，会提高言行的可接受性，使教学内容易为学生接受。另外，教师情感还具有传递信息的功能。教师通过情感的外显——表情，来传递某种信息，恰当地运用表情能使课堂更加生动形象，能帮助学生理解和掌握知识。教师的表情能使学生体会教师的思想倾向，从中体验到爱好与憎恶，从而影响学习效果。有人研究得出结论：教师的情感与学生的学习成绩之间呈现明显的正比例关系，师生情感愈浓，学生成绩愈佳。教师的爱体现了人格平等，以礼相待的交往中，以爱换爱，以情动人，使爱通向学生的心灵，这样才能使爱在教学中发挥最大的魅力。就学生方面来说，情感是推动学生学习的动力。学生学习并不是孤立的认知活动，在学习过程中，情感扮演重要角色。教师通过创设一定的情境，挖掘教材中的情感因素，置学生于情感激发之中，使其为之所感，为之所动，提高学习成绩。而优异的成绩又会成为一种催化剂，使学生热情饱满，情绪激昂，激发更大的学习热情。教学艺术效果正是通过这种作用来体现的。

4.教学艺术的审美性特征

从实质内容上看，艺术活动都具有审美的特点，教学艺术活动和其他艺术活动一样，包含教学的真、善、美是三者的有机统一。人们常说"成功的教学能给人一种美的享受"，从某种意义上是指教学活动的审美性。教学活动以其魅力给人带来美的感受。在教学实践中，教师认识和掌握教学规律，并把它和教学目的的把握与实现有机地结合起来。学生的视、听、触、嗅，以及动作、音像等显示出来，诉诸"美的原则"和"美的规律"，使教学具有艺术性。

教师讲授教学内容的科学美和教学表达的形式美是有机统一的。教学艺术表现为多样、具体，它是外在美与内在美的有机统一。所谓内在美是指教师讲授内容的科学性，而外在美是教学表达的形式美。教学设计是美的，方案和计划新颖细致，具体可行；教学过程是美的，整个过程自然流畅，引人入胜；教学语言是美的，抑扬顿挫；板书是美的，层次分明，简洁明快；教态是美的，教师衣着朴素大方，举止洒脱自然。教学艺术美是以内在美为基础，将内在美与外在美有机地结合而展现的整体美。

（三）教学艺术的功能

教学艺术的功能是指教学艺术在教学活动中的各种作用，是教学艺术存在并得以发展的内在根据。教学艺术的功能在教学过程中并不是独立地表现出来的，它融合于教学功能的"合力"之中。教学艺术在教学过程中能够起的作用，有很多研究者从教学经验的基础上用归纳法来进行分析。有人认为，教学艺术具有三大功能：高效率功能、高激励功能和育美功能。也有人认为，教学艺术有五大功能：培养学生的美感、发展学生审美和创造美的功能；促进学生科学知识的增长和提高科学探索能力的功能；促进学生道德的发展的功能；促进学生身体的发展的功能；维持、推动教学过程的功能。它是教学活动的动力能源。学界认为，教学艺术功能有如下几方面：

1.教学艺术对教师教的作用

教师是教学过程中的重要因素，教师的教直接影响着教学过程及教学结果，教学艺术对教师的教而言具有重要的作用。

第一，教学艺术有利于教师的自我完善。教学艺术是教学的重要部分，它引导教师更深入地理解人性、社会、知识的美，并努力与其生存环境构建审美的关联。因而，教学艺术对教师的教而言，可促使教师自我完善。

第二，教学艺术引导教师从艺术的角度掌握教学过程，从而丰富教师在教学过程中的主体性，形成独特的教学风格。教学艺术引导教师从艺术这个独特的视角理解教学，从而掌握与之相关的独特内容，如学生的个性特征、教学内容中蕴含的情感、人文精神等。因而教学艺术拓宽了教师对教学的视野，揭开了更丰富的教学的内涵。进一步说，教师对教学艺术的掌握始终是与其独特的个性、独特的人生经历等相联系的。教学艺术促使教师摆脱普遍性与共性的影响，为其提供了最大的空间以表达个性，从而有利于教师形成独特的教学风格。

2.教学艺术对学生学的作用

第一，教学艺术能有效地、直接或间接地促使学生精神整体的发展。学生是通过学习过程进入人类的经验世界的。课程表现为特写的知识，知识虽有不同的类别，每一类别的知识有其自身独特的概念、程序，独特的逻辑结构，独特的方法以及独有的叙述方式，也有着独特的价值。但是，经过"艺术"的处理后，它们都以形象、生动、活泼的形式呈现给学生。在这个过程中，学生通过感受教师的形象美及知识美，与其产生共鸣。这不但直接激发学生的审美情感，发展学生的审美能力，而且间接影响到学生的精神世界等其他方面的发展。例如，学生审美能力的发展既有利于学生道德的发展，也有利于学生科学探索能力的发展。

第二，教学艺术能有效引导学生与其环境建构起艺术的关系，从而促使学生与社会和自然的和谐发展。教学艺术不仅是一种独特的方式，而且包含着独特的价值观。艺术引导人超越功利的需要而趋向追求美，从而达到与自然与社会的和谐共处。教学艺术能有效地引导学生领悟艺术的真谛，从而使其从艺术的角度来对待自然和社会。

3.教学艺术对教与学统一的作用

教学艺术对于促进教与学统一的作用有两点：第一，教学艺术因其个性化特征，从而有利于发挥经验及其他因素在教学过程中的作用；第二，教学艺术因其情感性、形象性，从而有利于师生突破语言的障碍，实现师生真正的个性的交流。

第二节　小学语文教学艺术的特点与功能

一、小学语文教学艺术的特点

（一）语文教学艺术具有审美性的特征

苏霍姆林斯基曾有过一段精彩阐述："我一千次地确信：没有一条富有诗意的、感情的、审美的清泉，就不可能有学生全面的智力的发展。"富有审美性的语文教学要能够做到以下几点：①展示教学内容美；②再现意境美；③讲究语言美；④体现教学过程的美，诸如节奏的美、风格的美、板书的美等；⑤注重教师的形象美，包括仪表、风度、情态等。讲究审美性的语文教学，能让学生感受美，理解美，鉴赏美，乃至创造美，它能让人如沐春风，而不是"如坐针毡"。艺术的本质是人对现实的审美观照。苏联著名美学家斯托洛维奇曾经指出："在每个领域中出现的凡是值得被称为艺术性的活动都必定具有审美意义。"既然教育艺术是教师运用综合的教学技能技巧，按美的规律进行的独创性的教学实践活动，那么教育艺术就必然带有审美性的特点，可以说审美创造是教育艺术的特质。作为基础性学科的语文，它的教学目的本身就带有培养学生健康审美观和发现与创造美的能力的要求，成功的语文教学过程本身也应该是审美过程。它从两个方面彰显了其审美特质：一是教学内容的美，二是施教过程的美。语文教材是教学内容的主要载体，蕴含着丰富的审美内容。语文教材中选编的课文，大都是依照美的法则创造出来的文质兼美的文章的典范。例如，小说中塑造的形象美，诗歌中的意境美，说明文中的情趣美，议论文中的哲理美，都可以构成审美教育的资源。教师要利用美的信息激发、引导学生的审美心理和情感，形成正确的审美观念和健康的审美品质。

施教过程的美主要指教师的教态美和表达形式的美。教师的教态美指教师在教学过程中表现出来的仪表、表情、动作诸方面的一种综合美。表现为衣着整齐美观，仪表端庄大方，态度亲切自然等。教师表达形式的美则体现在语言美，即富于美感的教学语言要有启发性、鼓励性、幽默性；节奏美，即教学节奏有张有弛，有起有伏；图美，即板书层次清晰，简洁明快。

（二）语文教学艺术具有清晰性的特征

语文教学目标、学科知识、教学过程、教学评价之间内在逻辑的清晰化，显示出语文教学的简洁、缜密、雅致。这就是语文教育艺术的清晰化特征，包括语文知识逻辑的清晰化、语文教育系统各个要素内部逻辑关系的清晰化、语文教育过程逻辑的清晰化。

1.语文知识逻辑的清晰化

首先，需把握语文知识的类别。语文知识大致有三类。第一类是语文规律方面的知识，如文字、词汇、语法、修辞、写作等知识。第二类是有关语文学习方法论的知识，如思维方法的知识，听、说、读、写方法的知识，运用工具书和相关网站的知识。第三类是语文教材中涉及的社会常识和自然常识，如有关作品时代背景的知识、社会人生体验的知识、风土人情的知识等。其次，语文学科存在着它自身的基本知识、概念体系。作为教材编写者，当然要为教育着想，努力把教学内容编制得精粹、实用、易懂；作为教师，要尽力理解编者的意图，引导学生把握教材的脉络，不断积累，把知识点编织成网络。

2.语文教学目标、教学内容、教学方法、教学评价逻辑关系的清晰化

语文教学目标是教学对学生发展的各种期望在教学中的转化与实现，而这主要依靠的是教学内容、教学方法和教学评价内在联系的揭示与把握。因此，语文教学不仅要厘清知识体系的逻辑，而且还要清楚地知道语文教学目标是什么，它与知识的关系是什么，教学方法和教学评价怎样紧扣目标以及知识内容等，这也是语文教学目标、语文教学内容、语文教学方

法、语文教学评价之间内在逻辑关系的清晰化。

3.语文教学过程逻辑的清晰化

语文教学过程是指采用一定的方法操作教育内容，从而达成语文教学目标的全部活动历程。教学过程逻辑是最能体现某种教育思想和理论价值的部分。教学过程由若干环节构成，而每一个教学环节与一定的教学内容、操作方法和教学目标的指向与达成相关。教学环节的排列最基本的要求是"有序"，有一个明确的、合乎科学的序，教和学才有所遵循，循着这个序，一步一步、踏踏实实地教下去，学下去，才可能有好的效果。一个学段、一个学期、一个单元、一篇课文、一节课，大大小小的语文教育过程，无序则乱，就会影响教育内容的落实、教育目标的达成。

（三）语文教学艺术具有情感性的特征

教学过程是教师、学生、教材三者之间交流信息的过程。这个过程不是单向的，而是交互的。信息是知识与情感的组合，师生在交流情感的过程中掌握知识，在掌握知识的过程中交流情感。"文章情铸成"，课文是情感信息的密集体。教师要运用课文中所包含的真挚情感，叩击学生的心弦，激发他们感情上的共鸣。教师要善于抓住课文中可能引起共鸣的动情点，这个"点"在抒情性作品中是情感的凝聚点，在叙事性作品中是情节的高峰点，在哲理性作品中是情理的融合点。教师还应当注意强化教学语言的情感性。语言是心灵沟通、情感沟通的好工具。教师应努力创造自己的语言风格，塑造自己的语言形象，努力提高自己的语言修养和品位；要注重通过声情并茂的朗读来激起学生的审美情感。

（四）语文教学艺术具有形象性的特征

教师在施教过程中，还可以借助动作、图像、影视等手段，使抽象的内容形象化，形象性也是语文教学艺术的一个重要特征。首先，教师的语言要有形象的功能。教学语言描绘教材或某些生活场景中的形象，应该达到"状难写之景，如在目前"的地步。其次，要注意体态语言的形象功能。体态语言是教师用手势、姿态、表情来表达信息的一种无声语言，它辅助有声语言，更准确、更生动地表情达意，使抽象的语言符号变为形象的动作，弥补语言表达之不足。教学中，教师一个形象的手势，一次鼓励的目光，一个亲切的微笑，都会给学生留下深刻的印象。进而增强教学的形象性，激发学生学习兴趣，提高教学效率。另外，教师可以利用现代化的教学手段来增强教学的形象化效果。特别是影视艺术，它绘声绘色、直观形象，能让人达到如临其境、如见其人、如闻其声的美妙境界。

　　（五）语文教学艺术具有创造性的特征

　　"创造是艺术的生命"，是教师依据一定的审美理想，按照美的规律而进行的一种培养人的自觉和自由的活动，语文教育艺术的创造性有其独有的特征。这体现在教学设计是教师的创造性思维在语文教育谋划中的运用，教师对教材的处理艺术、对学生学习力的判断艺术、对自我教育力的估价艺术是谋划的科学依据；对课文教学目标的确立与陈述、对教学方法的选择、对教学结构的安排，直接影响语文课堂教学行为。可以说，"运筹于帷幄之中，决胜于课堂之上"。语文教学艺术中谋划的物化产品就是教学设计方案，这是我们对语文教育艺术的相对静态的认识。语文教学艺术的动态性特征表现为教学的行为艺术。如果说设计艺术属于"战略"这个范畴，那么行为艺术则属于"战术"的学问。教师不仅要自己创新，而且要鼓励、指导学生创新；学生是教学活动的主体，其学习是把外部知识信息主动纳入自己的知识结构的过程。在教学方法上，教师要变灌输压制为启发引导；在学上，学生要变"死记硬背"为"建构自主能力"，挖掘其自身潜力。教育艺术的创造性应该是新颖性和美感性的统一。富有创造性的课堂应充满生命力，教师愉快地教，学生有兴趣地学，师生互动，其乐融融。

二、小学语文教育艺术功能

　　语文教育艺术之所以是衡量或鉴别语文教师教育能力、水平高低的尺度，是无数语文教师追求的教育境界，就在于它本身具有独特的功能。国内外学者发现教育艺术和语文教育艺术有诸多功能，我国台湾学者王克先在《学习心理学》一书中说："一个人的学业成绩由两种因素来决定，一是智力，一是动机。所以我们认为最主要的还是动机功能和乐学功能两个方面。学习本是主动地吸收和积极的反应，而不是被动的行为。教师不能给学生智力，更不能代替学生学习。教师最大的任务是引起学生的学习动机，给予内在的驱策和激励。动机是学习过程中的核心。"语文教育艺术能够有效地激发学生的学习动机。学习动机是学生学习的内驱力，由于语文教育艺术以内在的和外在的魅力吸引学生，学生就容易集中注意力，产生强烈的求知欲，专心致志，攻克一个个教学目标，提高学习效率。语文教育艺术具有激发学生语文学习兴趣、获得身心愉悦的乐学功能。皮亚杰认为，学生是有主动性的人，强迫学习是违反心理学原则的，一切有效的活动受兴趣和需要的支配。对于教育，过去的观念是"你不会学习，我来教你学习；你不愿意学习，我来强制你学习"。现在的观念是"你不会学习，我来教你学习；你不愿意学习，我来吸引你学习"。"强制"与"吸引"，反映了两种截然不同的教育观，教育的效果也不一样。"强制"学习，学生以学习为苦，越学越乏味；"吸引"学习，就是运用精湛的语文教育艺术，让学生感到语文学习的乐趣，越学越有味，美在其中，乐在其中。《学记》曰："不兴其艺，不能乐学。""艺"，就是教育艺术。这是让学生由"知之""好之"进而"乐之"。这才是教育追求的目的。

教育达到艺术化水平时，人们坐在课堂上便不再感到被迫和痛苦，他们一方面仍是为了需要学习知识获得能力而来，另一方面是为了欣赏美、追求美、享受美而来。这就是语文教育的乐学境界。因此，教师要认真研究语文教育艺术的特征，并通过艺术化的教育谋略与课堂教育行为，充实语文教育艺术的多方面的功能。例如，钱梦龙、魏书生两位语文教师创造了自己独特的教育教学方法，其具有审美性、创造性等特征，并且切实体现了优秀的教育方法的强大的教育功能。钱梦龙老师创造的语文导读法强调学生自己的阅读实践，强调教学过程中"实"（紧扣课文）与"活"（思维活跃）的统一，注意发展学生在阅读实践的语文"你不会学习，我来教"，以及语文学习的态度和判断评价等与个性发展密切相关的心理素质和文化素质。因此，导读法对于学生的影响，不仅在于知识的获得，也不仅在于能力的发展和自学习惯的养成，而在于整个人格的塑造。

钱梦龙提出"学生为主体，教师为主导"的观点，确认学生是教学过程中认知的主体，就是确认学生是具有主观能动性的实践者和认知者，是蕴藏着巨大认知潜能的活生生的人。确认学生的主体地位，对教师的教学必然会产生相应的制约作用：教师在课堂上的主要工作将不再是向学生"奉送"知识，而是引导学生去"发现"知识，为学生自己达到认识和发展的目标提供帮助；当学生确实意识到自己是学习的主人，而不再是教师"灌注"知识的"容器"时，他们必将焕发出巨大的认知热情。这种热情主要来自他们内部的驱动力。这样，教学必将呈现出全新的格局。

魏书生认为，教师和学生同为一个系统之下的两个要素，为使整体功能大于单体功能之和，教师与学生需要同步运转。他说："教与学，教师与学生是矛盾的两个方面，解决这个矛盾，靠老师管学生、压学生、主观片面地命令学生，都不能解决矛盾而只能激化矛盾。"强调学生服从老师或强调老师服从学生都是极端的做法。真理常常在两个极端之间的某一点上，这一点就是用民主的方法，使师生之间获得最大限度的互相理解与支持，从而提高教学效率。

"教学有法，教无定法"，教学方法是为教学目的、教学内容服务的，不同的教学目标和教学体系，所运用的教学方法也就不同。即使同一种教学任务，也可能采用不同的教学方法和形式。甚至可以说，哪怕运用同一种教学方法，由于学生的实际情况、教材的不同内容及教师本身的素质、风格等的差异，教法也呈现出灵活性、多样化。钱梦龙、魏书生所采取的教学方法体现在他们教学序列的具体实施过程中。

魏书生针对以往课堂教学以注入式为主，不利于培养能力，开发智力的弊端，设计了"课堂教学六步法"。课堂是学生学习知识、形成能力，进而智力获得开发的重要阵地。课堂教学要大面积地提高质量，必须科学地解决定向和方式问题。所谓自学能力，实际上就是对信息的建立、处理和反馈的能力，而课堂上对学生自学能力的训练和培养过程，不同于学生课外独立的探索性的自学，它是在教师主导的作用下，有计划、有目的地让学生积极主动地获取知识和运用知识、形成能力的过程。在这个过程中，处于决定地位固然是学生，但教师的指导作用也不容忽视。魏书生汲取了中外语文教育家的经验，经过长期教学实践的探索、总结，运用信息论、控制论的原理，精心设计了"六步法"（即定向、自学、讨论、疑、自测、自结），以解决课堂教学的定向和规则问题。"六步法"着眼于课堂教学结构的整体，妥善处理了教学全过程中师生之间的相互促进、辩证统一的关系。学生在"定向"目标的指引下，积极主动地自学、讨论、质疑，并通过自测、自结等明了学习的效果，而在这过程中，教师始终起着引导、点拨、督促、激励的作用。这样，在整个教学过程中，学生真正处于学习的主体地位，教师又充分发挥了主导作用。并且"六步法"的课堂教学结构，使信息的交流反馈及时、广泛、深入，而又是处于全透明的境界，充分发扬了教学民主，学生学得积极主动，师生对教学过程可以有效地实行随机调控，在一定程度上弥补法的使用上，都广泛听取学生的意见，真正调动起学生学习积极性，有利于教学质量的大面积提高。

钱梦龙、魏书生两位老师的语文教学艺术各有特色。他们能结合自身实际，把握语文教学规律，在教学中创造出具有审美意义的独特风格。他们的语文教学艺术，是深化教改的硕果，反映了语文教育的某些规律，是值得我们不断研究、借鉴的。

第二章　小学语文课堂有效教学艺术研究

第一节　课堂教学模式

随着新课程改革的不断深入，教师应进一步做好对课堂教学模式的优化。从课堂教学角度来看，教师作为学生学习知识的主要引导人，其对教学模式的运用会直接影响学生对知识的认知和理解水平。因此，进一步做好对课堂教学模式的优化，提升学生的课堂学习体验，成为评价教师教学水平的主要标准。为了进一步提升小学语文课堂有效教学艺术研究，做好对课堂教学模式优化的策略研究至关重要。

一、借助多媒体优化课堂

课堂导入环节作为启发学生思维，激发学生兴趣的课堂教学环节，对其科学优化，能获得更好的课前启发效果。这对提高语文课堂教学质量具有重要意义。

多媒体技术作为以音视频图像为基础的表现方式，教师将其应用到课堂导入环节，可以让原本抽象的导入内容变得具体形象，让学生更好地完成对导入知识的理解，并获得思维、感官上的引导，能有效激发学生的学习热情，让他们以更好的状态去进行课堂学习。例如，在进行《雷锋叔叔，你在哪里》一课的教学时，教师可以在导入阶段运用多媒体技术为学生播放雷锋同志助人为乐的先进事迹，让学生在观看视频的同时，去感受雷锋高尚的品质与德行，从而对他产生敬佩之情。由此达到"未见其人先闻其声"的导入效果，为进一步激发学生的课堂学习兴趣打下基础。

多媒体教学已经深入新课改的教学中，古老、呆板的教学已经不再适用于现在的课堂，或者说不能再满足教师和学生对课堂的要求。在教学过程中，教师可以利用多媒体等设备进行教学，有效地培养学生对学习的兴趣，同时在教学中还可以增加学生们喜闻乐见的游戏，让学生更有精神地投入学习中去。小学生的领悟能力和理解能力都十分有限，教师不能把教学局限于课本之上，更重要的是要让学生体会语言文字的魅力。例如，《乌鸦喝水》这一课，要在教学内容设计中发挥以学生为主体的理念，可以以设置图文声像的形式来教课。一方面能加深学生对于知识的印象；另一方面也能缓解学生的压力，达到事半功倍的效果。小学语文教学中要想提高教学的质量以及学习的效率，不能仅限于课堂上的教学，多元化的教学能够进一步提高学习的效率，转变教学的方法在新课改的大环境下非常有必要。

二、应用互动式优化课堂教学环节

在小学语文教学中，学生和教师都需要一个和谐、自由、快乐、轻松的学习氛围，而不是为了应试而进行"填鸭"式教学。应在小学语文课堂教学中多设置情景，营造活跃的语言环境，让学生自然地走入文本，理解文本。语文的学习是个漫长的过程，在这个过程中需要学生养成良好的学习习惯。小学阶段正是人生学习阶段的开始，在小学阶段打好学习的基础对于以后的学习也有着至关重要的作用。所以在小学阶段培养学生浓厚的学习兴趣，对教师来说也是个挑战。良好学习习惯的养成首先要激发学生的学习兴趣，点燃学生的学习激情。

课堂教学环节是师生对语文知识予以学习的关键环节，做好对其的优化能进一步增强学生的学习体验，提升学生对语文知识的理解效果。在传统语文课堂教学中，课堂教学环节主要以教师为主体，学生只能被动跟随教师的节奏进行学习，一味读、写、背虽然能让学生完成语文知识记忆，但并不能让他们了解语文知识的本质，也不利于他们的语文素养构建。这会对小学语文素质教育目标的达成带来阻碍。

互动式教学模式是指在课堂教学中让学生与教师进行思维、行为方面的互动，由此来落实学生的课堂主体地位，增强他们的学习体验，让他们更好地完成对语文知识的理解，提高课堂教学质量。例如，在进行《守株待兔》一课的教学时，我就在课堂教学中针对"在树桩旁边等待兔子"的行为与学生进行了讨论，让他们畅所欲言，说出自己的看法和见解，并让他们在讨论过程中形成正确的认知意识，明白生活中我们不应该抱有侥幸心理去期待意外收获，因为一切美好生活都是靠自己得来的。

三、以生为本

小学语文的学习相对来说比较基础，但是十分重要，它直接关系到学生以后的语言表达能力。如果只是枯燥地学习拼音，学生很快就会失去兴趣和激情。在这种枯燥的学习环境下，教师应该根据实际的教学内容对教学方法进行改进，不能向学生强制灌输语文知识，那样只会让学生觉得更加乏味。教师在小学语文教学过程中，有必要建立轻松、自由的学习环境，从而使学生更加有安全感。新型课堂教学模式不仅对教师的要求较高，对学生的考验也较大。语文课堂上，教师应该加强与学生的互动，教师需要转变自己的身份，从学生的角度出发，走到学生中去，并且鼓励每位学生用所学的词汇来表达自己的想法和观点，让学生成为课堂上的主导者。例如，学生与教师互换角色，鼓励学生讲课，让学生成为课堂中的主体，这样的课堂教学才是新课改下学生和教师所需要的。而且，只要长期坚持下去，学生就能够形成一种固定的学习模式，有利于培养其良好的创新精神和学习习惯。在小学语文新型教学模式下，教师还要根据教学的实际情况观察学生学习的动态，从而做出一定的调整，进一步提高学习和教学的效率。

四、培养创新能力

培养学生的创新能力是新课改大环境下的首要目标，语文课堂是学生正式接受语文知识的第一步。教师在课堂上要着重开发学生的创新精神，激发学生的学习潜能，让学生养成独立思考的习惯。教师可使用电子化的教学软件吸引学生的注意力，也可以让学生参与到实际教学中，激发学生的创新思维。学生只有发挥自己的主观能动性，才会愿意主动创新和思考，才能深切体会到学习的乐趣。这样不仅提高了教学质量，还能大大提高学生的创新能力，为培养德智体美劳全面发展打好坚实的基础。

五、运用游戏优化课堂训练环节

课堂训练环节是教师针对学生的课堂学习表现所设计的教学环节，是检验学生课堂学习效果的重要策略，也是教师获得课堂教学反馈的关键方法。传统的课堂训练环节，教师多以读课文、写生字等形式予以展开。这种方式虽然可以强化学生对课堂知识的记忆，但并不能将学生的课堂学习效果表现出来。这会让训练环节的功能性弱化，进而影响课堂教学质量。

游戏化课堂训练是基于游戏模式而出现的教学模式，其借助游戏的吸引力来调动学生的参与热情，依靠游戏的趣味性来增强学生的体验。这对检验学生课堂学习效果，实现教学反馈提供了重要支持。教师在进行游戏化课堂训练设计时，一定要确保游戏能符合学生的认知兴趣，并能与课堂知识有效关联到一起，由此来达到理想的课堂训练效果。

六、依靠信息化优化课后作业环节

课后作业环节是课堂教学中的关键部分，其是评价学生学习效果的关键。传统的课后作业多以抄写、背诵为主，这种作业形式能训练学生的强化记忆。但并不能培养学生的语文素养，还容易让学生出现厌倦感。

信息技术作为目前应用最广泛的教学辅助技术，我们可以通过对其有效应用，来完成对课后作业环节的优化。例如，可以借助"微课"的方式，将教师的课堂教学过程予以记录，学生在写作业过程中可以通过观看视频资料，来完成对课堂教学过程的回顾，强化他们对于语文知识的记忆，由此来保证自己的课堂学习效果。除此之外，学生还可以借助"微课"来完成对新课的预习，这可以进一步提升学生在课堂教学中的学习表现，小学语文课堂教学效果也会因此得以提升。

综上所述，对小学语文课堂教学模式予以优化是提升学生课堂学习质量的关键措施。为了保证课堂优化策略的有效性，教师必须做好对学生认知能力、兴趣需求的分析，并能做到将创新教育模式科学地融入课堂教学环节中，带给学生良好的课堂学习体验，进一步完成对他们的学习动力调动，让他们真正感受到语文知识的魅力，并通过语文知识的学习获得知识技能、价值观念、基本素养等多方面的发展，从而实现小学语文学科真正意义上的素质教育目标。

语文课堂不仅是提高学生语言水平的桥梁，对教师来说也是巨大的考验。激发学生激情，构建高效语文课堂，是每位语文教师的职业追求。要想提高学生的学习效率，激发学生的学习激情，教师和学生都要从中不断学习。只有根据实际的课堂情况制订合适的教学计划，设计多元化的教学模式，才能真正实现高效课堂这一目标。

第二节　愉悦课堂的构建

一、愉悦课堂氛围

提高语文课堂效率是当前语文教学研究的主要课题。分析构建小学语文高效课堂教学的方法，应当从素质教育与新课标的相关理念出发，通过尊重学生的主体地位、营造愉悦的课堂氛围、创设教学情景、采用适当的教学方式等，充分调动学生的学习热情，激励学生思考和学习，提高学生学习和教师教学的效率。

构建高效的语文课堂，应当明确尊重学生在教学中的主体地位。学生是教学活动的重要参与者。教师应当尊重学生的成长规律，促进学生个性的培养与积极性的发挥。听、说、读、写等语言能力的提高需要学生充分发挥自身的主动性。在教学活动中，教师需要与学生建立平等、尊重、合作的良好关系，在教学活动中适度引导学生，让学生积极参与到学习活动中，包括课堂准备活动、教学活动、课后的延伸活动等。学生通过深入参与各种学习活动，挖掘自身的学习潜能，促进自身的成长和发展。

课堂教学活动的过程也是教师与学生进行情感交流的过程，在课堂教学中积极营造轻松愉悦的课堂氛围能有效激发学生的情感，帮助学生养成积极乐观的学习态度，活跃学生的思维活动，帮助学生全身心地投入语文学习。教师应当注重课堂氛围对教学效率的影响，在课堂中关注学生的情感，调动学生的热情，进而增强学生在课堂学习中的情感体验。积极营造轻松愉悦的课堂氛围有助于增强学生的情感体验。教师应当尊重学生的心理特点，关心、信任学生，采用亲切幽默的语言进行教学。教师在教学中可适当选取与教学内容相关的歌曲、图画等，活跃课堂的气氛，激发学生的热情。对教学内容可以进行适当的艺术处理，加强语文学科与其他学科之间的联系，启发和鼓励学生进行知识互动；也可在教学中采用现代化的教学手段，采用播放视频、音频与画面的形式，充分调动课堂气氛。教师可利用广泛的资源对教学的内容进行挖掘，配合学生的延伸阅读。在学习课文以后，可根据课文进行补充阅读，采用讨论、演讲、话剧等形式，让学生表达自己的见解与感悟。

当前的语文教学要符合素质教育的要求，教师需要在教学中关注教学内容与学生心理之间的关系。教师可根据教学内容创设具体的教学情景，采用生动的场景、漂亮的文字等，重现课文中的场景或片段，刺激学生的视觉、听觉，给学生以耳目一新的感觉，由此激发学生的好奇心和求知欲，进而帮助学生养成良好的学习习惯；在讲解与自然界有关的课文时，教师可以收集与之相关的图片资料，如草木的嫩叶、涓涓的细流、盛开的鲜花、浓密的森林等。通过展示图片或播放短片，让学生领略大自然的独特魅力。这样，语文教学就不再是干枯的文字的教学，而是丰满的、立体的、多姿多彩的活动。它新奇而生动，能有效吸引学生的注意力，激发学生的求知欲和学习热情。

合作式教学方式是一种符合素质教育要求的新型教学方式。它注重教师与学生、学生与学生之间的合作交流，在教学中突出学生的主体地位，对学生个性和能力的培养具有重要的作用。采用合作式的教学方式，应当以提高小学语文教学的效率为出发点，为课堂教学提供指导。在教学中，教师可提出问题让学生展开小组讨论，通过小组内部的交流合作与讨论，让学生对问题进行分析和探究，并积极思考，主动进行语文学习。问题的分析往往是建立在通读或者精读课文的基础上，学生通过讨论分析，能加深对课文的感受，形成自己的观点和见解。在讨论中，教师要注重把握节奏与方向，对难点加以启发，鼓励学生积极发表不同的见解。合作式的教学方式有利于增进学生与教师、学生与学生之间的关系，促使学生在课堂活动中形成共识，培养敏捷的思维。

语文教学过程中，教师要充分了解学生的性格、喜好、特长、学习状态等。采用激励式教学评价机制，在统一教学的基础上，关注学生的个性差异，关注学生的个性发展。教师要从发展的角度看待学生，给予学生更多展示自我的机会，对学生点滴的进步都应当给予鼓励，让每一位学生都能够感受到教师的关注和热情，让学生在教师的鼓励下找到自身的发光点，增强自信心和学习热情，进而让课堂氛围愉悦起来。

二、课堂调控

苏霍姆林斯基曾说过："如果学生在掌握知识的道路上，没有迈出哪怕是小小的一步，那对他来说，这是一堂无益的课。无效的劳动是每个教师和学生都面临的最大的潜在危险。"要充分发挥学生的积极性、主动性、创造性，引导他们在民主、宽松、和谐的课堂气氛中自主学习、合作学习与探究学习，才能达到教学的效果。

课堂要以帮助学生终身发展的教学理念为指导，以规范具体的教学目标为导向。促进学生的终身发展、为学生终身发展奠基，是课堂教学所遵循的理念。课堂教学应该着眼于学生的未来发展，培养学生的学习热情，使学生"爱学习"；促进学生掌握学习的方法，使学生"会学习"。

预习先行，先学后教，实现两个前置：学习前置和问题前置。教学从"学情"调查开始，根据"学情"做出决策，设置环节。教师提前一周集体研究下周备课的教学方案。尤其要根据新课程标准把握教材，充分学习相关的知识。一定要考虑学生已有的知识基础、能力水平与思想水平，根据学校现有的实际条件，合理设计不同层次的学习方案。学习方案是学生学习的路线图和方向盘，将其提前下发到学生手中，引导学生预习新课，可为高效课堂打下坚实的基础。

时间就是效率。抓紧时间、用好时间才能保证课堂的高效率，课堂上要少讲精讲，多学多练。教师要精心安排学、讲、练的内容，以保证各个环节的时间合理分配。

为了产生最大的效益，合理使用信息技术手段，既能增大课堂容量，还能节约时间。大多数学生通过自学可以解决的问题不用多讲，解决不了的问题要精讲，遗漏的问题应予以补充。以课堂作业、来回巡视等手段督促学生自学，最大限度地了解学生的学习情况，创建和谐高效的课堂气氛。

课堂练习是检验学生学习情况的最佳途径，课堂作业要紧扣当堂教学内容，课外作业是一个增效的过程，应着眼于学生的发展。课内、课外作业要分层，使各档学生都能完成并获得发展。

练习要精心设计，坚决避免重复。各科作业都必须做到最迟隔天反馈。重视课后的辅导，对于作业中的共性问题要认真在全班讲解；个性问题单独解决，绝不积压学生学习中出现的问题。

营造和谐的师生关系和学习氛围是高效课堂的催化剂。

亲其师，信其道。只有在平等宽松的氛围中，学生才能愉悦地学习，取得好的效果。要提高学生的学习积极性，培养学生的创造力，教师应努力创设出民主、宽松、和谐的教学氛围。这有利于激发学生的自主意识，活跃学生的创造性思维，激发学生的想象力，有利于不同观点的相互碰撞和交流。

教师要经常听取学生对于本学科学习的建议，及时地调整自己的教学策略，要尽最大可能地尊重学生的意愿，选取合理的教学方式。教师要尊重学生的劳动成果，不要挖苦讽刺回答错误的学生。教师要以真诚的眼光注视学生，以亲切的语气教育学生，以信任的心态引导学生。营造民主、宽松、和谐氛围，主动权掌握在教师手中，教师必须主动承担改善师生关系的责任。

教师要结合学生的学习实际，发挥自己的聪明才智，多想办法，多下功夫。功夫不负有心人，相信教师的努力会换来课堂的高效。

三、构建和谐课堂

美国教育家兰本达教授说过："必需的教学方法构成相应的思想体系。"课程改革就是使教育教学与时俱进，教育教学理念是否和社会发展一致，教师所教的学生是否能更好地适应社会和发展自己。这些都是课程改革要面对的问题。

半个多世纪以来，我国课堂教学的基本程序是：铺垫—导入—讲授—巩固—小结。这种教学充分利用每一分钟，用极其有效的方式向学生传授新知识，通过反复练习，让学生掌握技能、技巧。它强调的是如何教学生，如何训练学生，带有很强的教师中心色彩，是教师在教教材；课程改革中的新课堂教学程序是探究—实践—自主，它强调的是教师如何用教材来教，注重语文的工具性与人文性的统一。

不同年级的语文教学各具特色。例如，一年级的《自选商场》这一课，虽然是一节识字课，但教师不光教孩子们学会了生字，认识了很多词语，还让孩子们学习了这些生词后，在超市里买东西时能分辨出哪些物品是食品，哪些是生活用品，哪些是学习用品；在生字的后面有一篇小短文，这篇小短文不仅帮助学生巩固生字，更重要的是让学生读了后明白"自选商场里的东西真多"的道理。二年级的《识字七》，让同学们懂得了人和动物是朋友，要保护动物。三年级《秋天的雨》让学生感受秋天的美景，懂得要热爱大自然。四年级的《呼风唤雨的世纪》、五年级的《鲸》也让学生在学习语文知识的同时激发爱科学、学科学的兴趣。六年级的《学弈》是一篇文言文，在教授这篇课文时，教师不仅要详细地指导学生学习文言文的方法，理解文言文的含义，而且要让学生学了这一课后明白为什么要学习文言文。我国是一个文明古国，悠久的历史、灿烂的文化大多是用文言文的形式记载下来的；学习文言文，就能更好地传承中华民族的美德和文明。《学弈》这篇文章就让学生明白了，做任何事都要专心致志，才能成功。

新课程突出"领域意识"和"问题中心"，强调课程资料与社会科技发展、与学生生活的联系，把人与自然、人与社会、人与自我、人与文化的关系作为选取和组织课程资料的基本尺度及主题。新课程标准下的教学模式与传统的教学模式有着根本的区别，它要求教师的教学设计要从学生的生活实际出发。要设计学生熟悉的喜闻乐见的生活情境或游戏活动，引导他们去自主地发现问题，分析问题，解决问题。通过操作实践、模拟活动等，让学生去经历，去感悟，去体验，获得超多的直接经验，自主地构建知识，掌握技能，使之拥有一种科学的态度、一个坚定的立场、一种不懈的追求、一种创新的意识。这在一年级的《自选商场》一课上体现得比较好。某教师从生活实际出发，设计学生熟悉的生活情境和游戏活动，开篇就让学生说说平时喜不喜欢逛超市，在超市里买东西怎样方便。教师让学生在没有附加条件的基础上自由地、大胆地说。在学生认读生字时，教师还问学生以前在哪里见到过这些字，是怎样认识的。有的学生说在报纸上看到过，有的说在街上的广告牌上看见过，有的说在吃的食品袋上见过，而且都是爸爸妈妈教的。这样让学生明白了识字的方法很多，不光从课本上能够学到汉字，还能够在生活中识字。生活离不开语文，语文在生活中存在。四年级《呼风唤雨的世纪》一课在这方面也体现得较好。在展示 20 世纪的科技成就时，某教师选用的都是同学们日常生活喜闻乐见的事物。其还让学生谈谈 20 世纪的科技成就给我们的生活带来了哪些变化，让学生联系生活实际来说，这样的设计让学生自主地构建知识，形成概念。

新课程的开放性、综合性与灵活性令人耳目一新；无论是资料的选取还是呈现方式，都很好地体现了"以学生发展为本"的理念，图文并茂，贴近学生生活，充满时代气息。传统课程强调学科体系的系统与规范，强调严密的逻辑顺序和严谨的知识结构，这在教师头脑中已根深蒂固。新教材不再刻意追求学科体系的严密，而是从学生的经验出发。新教材的最大特点是它的开放性，几乎每一课都有"议一议"栏目。这给学生留下了思考的余地和回味的空间，让学生自己去思考、去探究、去实践，给学生创设了一个条理化、系统化运用和重组知识的机会，也给教师留下了发挥创造力的空间。每一篇课文都有一个主题，每一个主题都渗透了舞蹈、戏剧、诗歌、散文、绘画等多种艺术形式。每一课课后都有拓展延伸，所以教师除了拓展知识领域和专业技能外，还要学会寻找、开发、制作、整合教学资源和资料，丰富教学资料，才能上好课。展示活动中，某教师在讲《鲸》这一课时，讲到鲸的生活习性，让学生分角色表演须鲸、齿鲸的吃食状况；在教学生读儿歌时，让学生边读边配上自己喜欢的动作，这样就能让学生更直观地获得知识，使课堂生动有趣。

新课标指出：阅读教学是教师、学生、文本之间对话的过程。新课标倡导课堂上的人文关怀，教师不再是高高在上的指挥者，而应与学生进行平等的交流。要尊重学生，把学生视为一个个具有发展潜力的生命存在，关注他们的生命发展。教师对学生的影响是深远的。课堂上，教师的语言、目光、微笑、举手投足，无不对学生起着潜移默化的教育作用。

教师应该用亲切的话语、和蔼的笑容，充分尊重和信任学生，始终以热情和宽容的态度对待学生，注意力放在学生身上，关注不同层次的学生在参与学习的过程中思维与心智的发展状况。教师只要自始至终以饱满的热情对待学生，课堂气氛就会十分活跃，学生热情就会高涨。而这种活跃不是教师预设的，是在教师的感染、引领下真实生成的，是在师生、生生互动中生长出来的。课堂上教师的和蔼可亲、平易近人，课前的谈话、课堂中每一个环节的过渡语言都要恰到好处。

第三节　构建高效课堂

一、课堂导入

万事开头难，课堂也不例外。课堂的开头，即课堂的导入环节决定了一节课的成效。如何进行课堂导入、开好课堂的头早已成为众多教师普遍关注的焦点。好的课堂导入策略能够迅速抓住学生的注意力，让学生立刻全神贯注地投入新课的学习之中去；好的课堂导入策略能够激发学生的好奇心，让学生满怀期待地投入新课的学习中去；好的课堂导入策略能够有效刺激学生的兴趣点，让学生兴致勃勃地投入新课的学习之中去。

1.谈话导入

课堂开始时，教师或根据教学内容，或根据课文标题等与学生展开谈话，通过谈话导入新课的学习，这种方式被称为谈话导入。谈话导入是一种直接有效的导入方式。例如，在教学冀教版三年级语文上册《会说话的草》这一课时，某教师展开了如下谈话："同学们，还记得以前学过的一首小诗《我想》吗？谁来给大家背诵一下？"在教师抽查学生背诵这首小诗之后，教师接着说："在《我想》这首小诗中，小作者对大自然的美丽景色展开了丰富的想象，今天的这篇课文《会说话的草》也是关于大自然的，让我们一起来学习吧！"在与学生谈话的过程中，有趣的话题迅速地吸引了学生的注意力；学生专注地学习新课的内容。谈话导入直奔主题、简单奏效。因此，小学语文课堂教学中，谈话导入是一种直接有效的导入方式。

2.故事导入

教师可以结合教学内容精选一些妙趣横生的故事为学生讲述，通过讲述故事导入新课的学习，这种方式被称为故事导入。故事导入是一种充满趣味的导入方式。例如，在教学三年级语文上册《湖滩上，有一对天鹅》这篇课文时，某教师就采用了故事导入法。教师在导入环节播放了一段悦耳的轻音乐。在音乐的伴奏下，教师给学生讲了《丑小鸭》的故事：一只天鹅蛋在鸭妈妈的窝里破壳之后，因为相貌与众不同，遭到"同类"鸭子的排斥；历经千辛万苦、重重磨砺，丑小鸭终于变成了美丽的白天鹅。学生在聆听曲折离奇、趣味盎然的故事的过程中对课文产生了浓厚的兴趣。在浓厚兴趣的带动下，学生就会兴趣盎然地在教师的引领下学习新课的内容。故事导入激发了学生的兴趣，让学生痴迷于故事情节。因此，在小学语文课堂教学中，故事导入是一种颇有趣味的导入方式。

3.设疑导入

在课堂开始，教师可以结合课文内容设计一些充满悬念的问题，通过提出问题导入新课的学习，这种方式被称为设疑导入。设疑导入是一种让学生充满好奇的导入方式。如在教学三年级语文上册《火烧云》这篇课文的时候，教师可根据课文内容设计一个问题：霞光是从何而来的？教师设疑过程如下：文章开篇就说"火烧云上来了"，但是课文紧接着却在浓墨重彩地描绘霞光，对"火烧云"只字未提。作者通过"变"的一组排比句，以及"是"的句式着力渲染了在霞光的映衬下，人和动物都改变了本色。大地万物红彤彤的，世间美景金灿灿的。那么，这霞光是从何而来的呢？教师提出的充满悬念的问题激发了学生强烈的好奇心，学生迫不及待地想要找到问题的答案。在强烈的好奇心的驱使下，学生就会不由自主地在教师的启发下学习新课的内容。设疑导入让学生专注于寻找问题的答案。因此，在小学语文课堂教学中，设疑导入是一种悬念迭出的导入方式。

在小学语文课堂教学过程中，以上导入策略貌似是彼此独立的，实则是相互联系的。谈话导入也可能包括故事导入和设疑导入，故事导入也可能包括设疑导入。小学语文课堂的导入策略远不止这些。在教育信息化技术日新月异的今天，教师也可以利用先进的信息化技术手段进行有效导入。如教师可以结合课文内容选择一些音乐或视频，运用音乐导入和视频导入的策略等，还可以根据教学内容，结合学生的年龄特征等，运用游戏导入策略导入新课。教师在小学语文课堂教学过程中，一定要灵活运用各种导入策略有效地导入新课，让导入环节成为一条通向高效课堂的"加速通道"。

二、高效课堂的构建

语文是主观性很强的学科，单纯地向学生灌输知识不利于学生对知识进行深入的了解。曾经有一个调查表明，学生参与课堂讨论的机会次数越多，对知识的记忆就越深刻。因此，语文教师也应依据这个规律，结合新课改的相关要求，多鼓励学生参与课堂讨论与交流，敢于提出自己的问题与意见。在上新课时，教师应该鼓励学生课前预习，并形成自己的小教案，自己做课堂的小教师，讲给班级的同学听，争取让每个孩子都有展示自己的机会。在学生讲的时候，教师则退居幕后，记下学生讲解过程中的难点、易混淆和讲不清楚的知识点，在学生讲完后进行补充。同时，为了鼓励学生，可在学生讲完课后给予适当的评价，指出其在讲解过程中的优点，委婉地指出可以改进的地方。同样，在进行评讲时，教师可以鼓励其他学生先参与试讲。同为学生群体，学生更容易找到对方的不足，找出问题的关键，这不仅锻炼了学生们自己，也为教师的教学拓宽了思路。

教学是一个双向的过程，既要求教师做好教育中的引导工作，也强调学生自主学习的重要性。新课改更加强调注重发挥学生的主体作用。独立思考、自主学习是一个高效适用的学习方法，掌握了这个方法，学生在各个科目的学习中会变得主动，自身的学习水平也会提高，更加有益于今后的学习和生活。要引导学生独立思考、自主学习，教师应该做到"简政放权"，减少对学生课堂的直接干预。教师也不能对课堂绝对放任，需要在适当的时候做出引导。教师要适时对学生短期自主学习的成果进行检验。每堂新课一开始，教师就出一道相关题目让学生回答，检验他们自主思考与学习的成果；也可以在班级举行一些朗诵、"课本变剧本"的活动，鼓励学生多参与课堂活动。

随着现代教育科技的发展，课堂可利用的教学资源越来越多，这也提高了课堂的趣味性。教师在教学的过程中也可以充分利用这些教学资源吸引学生的关注，让他们在轻松、易于理解的环境中掌握知识。在讲解故事性很强的课文时，教师可以找到与课文有关的视频或者音乐与学生们分享。对课堂效率的把握需要教师自己去评估，教师可以在完成课堂教学后，利用影像资源让学生们短暂放松。教师对学生的教育也不应该将目光仅仅放在自己所教授的科目上，应该更多注重学生的身心健康和个人的全面发展，在树立正确的世界观、人生观、价值观上，多引导学生学习真善美的事物并践行到实际生活中。

三、高效课堂教学方法

随着教育改革的不断深入，传统教学模式下的语文课堂教学中存在的问题逐渐显露了出来，如教学手段单一、教学内容枯燥等，这些都不利于学生语文学习能力的提升，也会影响语文课堂的教学效果。因此，教师必须努力探索打造语文高效课堂的方法，以激发学生的学习兴趣，提高学生的学习质量。

1.创设有效的教学情境

兴趣是学生强烈求知欲的"催化剂"，对提高学生学习的主动性有重要作用。在语文课堂教学中，如何有效激发学生的学习兴趣，关键在于教学情境的创设。例如，在教《去打开大自然绿色的课本》一课时，教师可以设计这样的导入情景：先发问，"课本中我们能找到哪些景物？"学生找出"松柏、翠竹、沃野"等景物后，教师让学生踊跃道出这些景物的不同特点，想象文中所描绘的画面，层层推进，吸引学生的注意力。这样一来，原本简洁、凝练、跳跃性的景物词语变成了生动立体、情景兼备且连贯性强的鲜活画面，也让学生在不知不觉中融入课堂的情境教学中。

2.进行有效的课堂互动

语文"互动"课堂的特色在于引导学生各抒己见，使学生在"互动"中增长知识。例如，《寻隐者不遇》这首古诗，写的是作者拜访隐士却不得见的情景。如何让学生更好地体味诗中的意境，教师可以你问我答的方式做互动游戏，引出古诗中耐人寻味的问话和作答。这样有效的互动能让学生很快找出诗中具有哲理的对话，让学生尽情思考与争辩，迸发智慧的火花。教师可进一步提问："为什么诗中不把问句写出来？"借这一环节，引出诗中"寓问于答"的手法。通过这一方式开阔学生思维，让学生全面理解课文。

3.多角度设置问题

新课标强调，高效课堂是师生双边的活动。因此，高效课堂离不开教师问题的巧设。巧设问题可以调动学生各种感官活动，点拨学生思维，让学生获得知识，如教《金蝉脱壳》一课时，教师可以在课前播放蝉脱壳过程的录像，观后组织学生"现场说法"：脱壳前，细致观察什么？脱壳时，见证的奇迹是什么？脱壳后，令人惊奇的点又在哪儿？通过层层设问，让学生感受金蝉脱壳的精妙神奇，激发学生勤于观察事物的浓厚兴趣，达到教学的目的。

4.进行阅读方法的训练

小学高年级语文教材，每篇课文皆是文质兼美的语言佳作，语言运用精妙，语境描绘精湛，思想表达深邃。因此，如何让学生掌握课文中的语言表达方式，是教师需要思考的问题。而掌握语言的关键在于掌握阅读的方法例如，在教《自相矛盾》一课时，教师可以让学生在阅读中抓重点，按照"通读读通—细读读懂—品读读透"的阅读方法，层层递进，悟出寓意。在此基础上，让学生自导自演课本剧，让他们以生动的话语、逼真的形象对课文进行进一步的解读。

5.构建主动型课堂

课堂上学生是学习的主体。学生个体学会主动学习，结合实际，制订切实的学习计划，有针对性地选择学习方法，就能从课堂中获取积极的情感体验。教师在学生完成课堂任务后，应给予鼓励与表扬；当学生学习出现困难时，教师应引导他们自主探究解决的方法，提高学习的效率。

6.构建合作型课堂

合作学习是学生小组共同完成任务的学习方式，具有明确的分工。合作学习可以改变传统课堂单一的学习模式，让学生有选择地学，有特色地学。结合新课堂，学生可以对不同问题充分展现自己的能力，这样不仅有助于培养学生合作学习的意识，也可以增强学生的集体荣誉感。

7.构建探究型课堂

探究型课堂有充分发掘学生潜能的作用，在语文教学中构建探究型课堂不仅能够激发学生的学习兴趣，也可以激发学生的学习潜能。探究型课堂多是以学生独立、自主地对问题进行探讨和交流的方式进行，教师仅仅起到辅助性的作用。整个学习过程都需要学生自主完成，让学生在探究过程中体会到获取知识的快乐。探究型课堂可以让学生学会认知，学会学习，学会生活；探究型课堂是一种实践课堂，需要培养学生的实践能力。

构建小学语文高效课堂对学生语文水平和文化素质的提升具有重要意义。在教学过程中，教师应为学生创设合理的教学情境，增强师生之间、生生之间的课堂互动；要多角度设置问题；要注重课堂的主动性、合作性和探究性，以激发学生的学习兴趣；要培养学生的思维能力，提高学生的语文学习效果。

四、提高课堂效率

新课程倡导以学生为中心的课堂教学，倡导学生自主探究式的学习模式。高效课堂不仅是高效率的课堂，更是教育教学形式的巨大变革。课堂教学的高效性就是通过课堂教学活动，使学生在学业上有高效收获、高效提高、高效进步。教师是课堂改革中最重要的一环。

紧盯教学内容是教师准备工作的一方面。"不打无准备之仗"，课堂要高效，教师就要认真备课，精心设计教学环节，要根据教学内容、学生实际情况设计出能最大限度地激发学生学习兴趣、调动学生学习积极性的教学方案。课前备课必须充分，特别是"备学生"要落实到位。一节课虽然设计精彩，但必须符合这个班学生的认知水平，如不符合，就必须修改。

要灵活运用各种教学方法，精心选择能调动学生课堂学习主动性的方法，这样才能发现和培养创新人才，成为学生创造潜能的发掘者。作为课堂的组织者、参与者、合作者，教师要重视课堂民主平等氛围的营造，引导学生自主学习、合作学习、探究学习，引导学生积极参与、自由表达、愉快合作，让学生在心理上处于最佳状态；让学生充满求知的愉悦感，调动学生的良好情绪，最大限度激发学生的主体意识和主体精神。要让每个学生在课堂上都动起来，课堂节奏要随着学生学习节奏的变化而变化，要面向全体学生。为此，教师还应该端正一种认识：培优补差不是课后的工作，而是课堂教学的重要内容。人们不难发现，利用课余时间补课的学生的成绩并不都比不补课的学生成绩好。因此，加强课堂教学中的培优补差工作，尤其是补差工作值得我们重视。

著名教育家陶行知先生指出："我以为好的先生不是教书，不是教学生，乃是教学生学。"教师应该改变自己的教学方法，更重视指导学生拥有科学的学习方法。传统的教学重在教师与学生之间的互动，教师的讲授不易打动学生，导致教学的实效性差。应重视学生之间的互动学习，而这些学习方法离不开教师的指导。课堂教学要坚持以学为主，以练为主，以学生的自主学习为主，强调学生的自主学习过程，培养学生独立完成学习任务的能力，提高学习的整体效果。这个过程中，教师始终都是教学的主导，以点拨启发为主。通过合适的形式使学生完全动起来，积极参与到学习之中，让这种主动的学习成为学生自己的一种习惯。课堂上学生的练习是主线，练习的形式多种多样，生生互动，师生互动。教师仅起主持的作用，环节的导入、时间的控制、争议的评价等都可能是调动学生主观能动性的一种途径。在这个环节中，教师应当视具体情况给予学生合理的评价，以练习去强化课堂的互动，并通过这种练习实现课堂教学效果的及时反馈，以便更好地把握学生对本课学习目标的掌握情况。

第四节　提高学生的参与意识

课堂的中心目标是促进学生的发展，课堂必须真正成为学生发展的天地。实现这一目标，实现课堂有效教学艺术，先决条件应该是让学生真正成为课堂的主人。

一、学生的参与意识的调动与提高

学生学习的内部动力是兴趣，是学生学习积极性中最现实、最活跃的成分。学生只要对学习发生了兴趣，就会调动各种感官，共同引起对学习的高度注意，从而为参与学习活动提供最佳的心理准备。在教学中，教师应从实际出发，确立教学方法和手段，努力创造一个和谐、轻松的学习氛围。例如，在教学生朗读《可爱的草塘》课文时，教师让学生先读课文，喜欢读哪个自然段，就读哪个自然段。这样，学生的学习积极性一下子就被调起来了。朗读之后，教师根据学生朗读的情况，或表扬，或指导，或听读后再读，再一次激发学生的朗读兴趣，使学生的朗读能力得到提升。

课堂教学中，教师要为学生提供独立活动的空间，让每个学生都有参与活动的机会，在活动中有一块属于自己的天地来表现自我。例如，在教学《雨点》一课时，要想让学生理解课文内容，充分体悟课文情境，感受文章所描摹的生活场景，就要给学生充分的时间，组织学生自读；在自读的基础上，引导学生抓住重点词语如"睡觉、散步、奔跑、跳跃"，理解之后在小组内讨论。通过讨论，若教师认为学生对"睡觉、散步、奔跑、跳跃"的理解还比较抽象，就要组织学生通过表演来理解、体会。在动作表演中，若发现一些学生表演动作不到位，动作僵硬、不自然，表情不丰富，这时可通过评议来引导学生重新体会。一节课，学生始终在教师自然顺畅的引导之下自主学习，自主阅读，自主感悟。每一名学生都参与了对重点词语的理解，并以此为切入口，突破了本课的学习难点，顺利地实现了学习目标，课堂也一改沉闷的局面，学生在课堂上也"活"了起来。

教师要根据实际情况创设轻松、和谐的教学氛围，激发学生的学习积极性。有了良好的学习氛围，有了自由轻松的学习心境，自然就会收到良好的教学效果。

二、合作学习促进课堂参与

在教育的各个阶段，语文教育都是非常重要的。随着社会的不断向前发展，教育的方式也在不断发生改变。教育更多关注怎样才能使学生吸收丰富的知识，达到教学的目的，培养更多的人才。

在语文课堂的合作学习中，学生的自控能力相对较差，学生参与度不一。本应该所有的成员都参与到合作学习活动中，但实际情况却不是这样。后进生只是静静地坐在一旁，完全置身事外，成为活动的配角；而另一些成绩较好的学生成了活动中的主角，在活动中进行合理的分析，发表独到的见解。这种情况也愈发突出。

因此，在高效课堂的合作学习中，教师必须根据教学的实际情况来把握学生合作学习的时机。在个人很难完成的情况下，进行合作学习是最好的模式。这有利于学生讨论，从而产生有价值的问题，有利于学生的独立思考。讨论的过程当中，应该对问题讨论的范围进行核实。一旦超出了大家的理解范围，讨论的目的性会变得不明确，从而达不到预期的效果。如果处理不当，学生们会出现很多问题。如果小组讨论时间偏少，学生的热情刚刚提升就停止，这样对学生的积极性会是很大的打击，导致学生对讨论的知识失去兴趣，讨论沦为形式。讨论中，如果学生因持不同的意见吵得不可开交，而教师不知道如何进行正确的引导评判时，学生对教师的教学水平会产生很大的怀疑。在以后的教学过程中，教师将失去对课程的控制。所以，课前教师应该做好相应的工作，这样对课堂讨论才能有很好的掌控。

合作学习需要成员对自己的学习和组内其他成员的学习负责。这种精神对语文的教学及以后的学习生活都至关重要。教师要帮助学生树立合作思想，根据学生的语文成绩、学习能力以及每个人的性格提前分好组。每个组中后进生和优生应该分布均衡，这样能够促进学生相互学习、相互影响，从而共同进步，还可以根据每个学生的能力和特点来分配职责，让学生在感受不同角色和不同职责时获得不同的体验。例如，在学习《田忌赛马》时，教师可以让学生以四人一组的形式进行表演，在讨论之前选出一个人作为导演。在全班讨论之后分组表演时，提醒其他小组和导演，仔细观察别人的神态和语言。通过这样的安排，教师就能给每个学生安排适合自己的角色，让每个学生都参与到合作学习的过程中去。

要合理把握合作学习的时间和内容。语文高效课堂合作学习的目的是鼓励学生独立、主动地进行学习，合作的前提是要求学生学会自己独立完成学习任务。但是在很多时候，学生还没有充分思考、交流、表达和学习，甚至学生还没有交流，教师就结束了合作学习活动。为了避免这种情况的发生，学生在进行讨论、合作时，教师应该让学生充分发表自己的见解和建议，提升自己的知识水平与能力。平时教师也应该重视培养学生去自主学习，感受课内和课外的知识。这也是学生进行讨论、交流的一个前提。

合作必须有一个小组长，以防合作学习时过于盲目，达不到预期的效果。而且学生在课堂上自制力较差，容易坐立不安，活泼好动。如果小组活动中没有纪律，就会导致组织涣散，没有合作的氛围，从而事倍功半。不难看出，在一个团队中选出一个合适的小组长是很重要的，小组长在整个活动中应该承担很多责任：组织组员进行相应材料的搜集，对本组的材料进行梳理，确保材料在一个可控的范围之内，避免跑题；负责沟通协调，使得组内的动态能够及时地到达教师那里。组长应该知道自己的责任，对每个成员的学习进行监督帮助。组长在学习中是非常重要的角色，教师要选对人，并且要针对教学需要进行有针对性的培养。一个好组长的成长需要一个过程，这个过程对于整体的教学以及孩子日后的成长都是很重要的。目前，很多地方的教学都已经开展合作学习这样的模式，并已取得了良好的效果。

合作教学对学生来说是一种很重要的学习方式。它不仅能提高学生的语文学习素养，而且能够提高学生的合作精神和能力。通过与同学进行合作学习，学生能够真正成为学习的主人。这有助于学生培养自主自立的品质和精神，为以后的发展奠定良好的基础。

第三章　小学语文课堂的提问艺术

第一节　语文课堂提问艺术研究概述

一、研究语文课堂提问艺术的原因

目前，对于语文课堂提问艺术的研究总体来说还是比较多的。研究者主要有高校学者、博硕士研究生以及一线教师，但是其研究涉及面比较窄，主要集中在研究课堂提问的原则和课堂提问的策略上，对我国目前小学语文课堂的提问现状和研究课堂提问艺术的意义则涉及不多。研究我国目前小学语文课堂提问现状也是很有必要的，通过对现状的分析总结出我国目前小学语文课堂提问存在的优缺点，对此加以评论，更有利于以后课堂提问扬长避短。总而言之，对小学语文课堂提问艺术研究的数量还是可观的，但研究的方面略狭窄。

二、研究小学语言课堂提问艺术的目的和意义

研究小学语文课堂提问艺术的主要目的是通过探究小学语文课堂提问艺术，发现更好的、更适合于小学语文课堂的提问方法，从而提高课堂效率、提高学生学习兴趣、提高上课质量。课堂提问是我国语文课堂教学的关键一环，只有提问到位，学生的学习才会进步。语文教学是一门艺术，而课堂提问艺术与语文教学艺术的效果密切相关。语文课堂的提问艺术，是一项随语文活动发生就存在的教学技能艺术，这一领域的研究对语文教学具有强烈的现实意义。教师的提问能起到设疑、解疑和反馈的作用，能起到指明方向、承上启下、启发思维和调节

气氛的作用。因此，在教学过程中，提问联系了师生的情感，开拓了学生的智慧，课堂提问具有很强的技巧性。在全面推进素质教育的今天，探究与素质教育相适应的课堂提问艺术，可促进学生的全面发展。

三、语文课堂提问艺术的代表性研究成果

（一）小学语文课堂提问要具有目的性

张宝刚在他的《课堂教学艺术》一书中提到，小学语文课堂的提问艺术要具有目的性。他指出，课堂提问的根本目的是实现教学的目的。因此，它要完成三方面的任务：一是通过提问查明学生对于学习的知识的掌握情况，以便做出补救；二是通过提问提示学生注意掌握新知识的要点和学习方法，引起新旧知识的联系，激起学生的学习愿望；三是通过提问，完成课堂任务，使学生掌握知识技能形成的能力，发展自身智力，养成良好的学习习惯，得到全面发展。因此，教师在备课时就要设计提问方案，对提问的目的，提出哪些问题，提问哪些学生，希望得到什么结果，学生回答可能出现的问题，对这些问题的解决，还要问些什么样的问题等都必须仔细考虑，做到深思，切不可马虎大意，更不能随心所欲、信口开河，否则就可能问一些没头没脑的问题，使学生不得要领。所以，提问一定要围绕教学中心线索、关键问题的解决，抓住主要矛盾进行，避免齐声回答，不能简单地问"是不是，对不对"之类的问题，而是引导学生积极思考，掌握知识技能，开发智力。

小学生正处在自学能力不强，需要教师引导的阶段。所以，课堂提问具有目的性就十分重要。具有目的性的提问能让小学生准确了解教师想让自己回答的是什么，因此带着问题读课文也就具有了目的性，从而能效率更高地阅读完课文，回答好问题。这样提问不仅使学生掌握了知识，还使其学到了方法，培养了学生正确的学习态度。可见，在小学语文课堂中提问讲究目的性的重要性。

（二）小学语文课堂提问要重问和轻问结合

湛蕤才在他的《课堂教学艺术》中提出提问要重问和轻问相结合。我国在古代就提倡"善问"和"善待问"，如《学记》说："如攻坚木，先其易者，后其节目，及其久也，相说以解。"

又说："叩之以小者则小鸣，叩之以大者则大鸣。"这说明提问有难易、轻重之别。重问，就是针对教材中的重点和难点，反复设问，直到攻克解决为止。所谓轻问，则是对教学中一些非关键性的问题，教师对其稍做发问，提一些容易回答的问题，有如蜻蜓点水，不必细究；有些提问亦可留待学生自己去思考解决，不必在课堂上包揽一切。轻问和重问相结合也是课堂提问的一个重要原则。

湛蕊才这个观点自有其可取之处。试想如果一节课所有的问题都反复提问，那么将会浪费很多时间。重点突出、详略得当才会使提问更有价值，使学生掌握更多有价值的内容。例如，在上《三袋麦子》这节课时，某教师在对学生提问的时候，对"小猪和小牛怎么做的"就选择了轻问，只是简单地提问了一下；对小猴的部分就选择了重问，因为小猴是全篇的中心。这位教师通过轻问与重问相结合的方式使学生掌握了重点。

（三）小学语文课堂的提问要有针对性

李英在《神州教育》杂志上撰文指出，小学语文课堂提问要有针对性。这里所说的针对性不是说针对问题，而是针对学生而言。教师在进行教学的过程中要采取适当的策略进行教学，针对每个学生不同的感悟进行有针对性的提问，既要达到教学的目的，也要让学生感受到尊重，因材施教永远不过时。

李英的观点是要教师针对每个学生的特点进行有针对性的评论，其重点在于让教师尽量能照顾到每一个学生，使每个学生都能获得发展。这个观点自有其合理之处，在素质教育的今天，教育的目的就是让每个学生身心得到充分发展。但是，在我国目前的教育形势下，这个观点还是理想化成分更多一些。目前我国学生多，教育资源少，每个班级学生人数都不少。如果按照李英的观点，针对每个学生的特点进行提问，时间上不允许，教师也没有那么多精力，但这仍然是未来我们教育要努力的方向。

第二节　小学语文课堂提问的现状

一、教师提问有数量没有质量

在小学语文教学过程中很多教师为了调动学生的积极性，形成和学生的互动，想要采用多提问的方式。但这种提问并不能达到预设的教学内容和教学目标，对学生的思维发展并不起作用，只能使学生处于不断回答教师提出的简单问题的学习状态。当教师提问过多并且没有目的性的时候，只会使学生处在一种疲惫的状态，不知道自己到底掌握了什么。

教师对课堂提问的重要性认识不足，教师只是为了提问而提问，不讲究质量。一些教师认为依照教案对学生进行提问，学生准确回答，就达到了教学目的，而不去激发学生多元化创新型思维。

二、教师的提问总是针对部分学生

在小学语文课堂中，教师的提问很难照顾到全部学生，也不能依据问题的难度对不同水平的学生进行提问。大部分时候教师会选择成绩好的学生回答问题，或者为了保证课堂回答得顺利选择举手的学生进行回答。在实际教学中，这样成绩欠佳的学生会觉得教师不重视自己，更加容易自暴自弃，从而产生厌学心理。这种情况在公开课的时候更加明显，一节课的时间有限，教师会让学习较好的同学回答，这样其他同学得不到展示的机会，学习的积极性也会降低。

三、教师提出的问题过难

在小学语文课堂教学中，由于学生现有知识和经验水平以及技能掌握的状况等问题，有时候教师提出的问题超过了学生现有的知识水平，使学生很难回答。学生回答不出问题，自身的积极性就会降低，思维减退。所以教师在提问的时候一定要把握好问题的难度。

第三节　小学语文课堂提问艺术的现实意义

一、提问有助于提高学生的思维和表达能力

教师可以通过提问艺术启发学生思维，有计划、有目的地采用多种提问的方式激起学生思想上的波澜，发展学生的思维能力。创设提问的情境，也是激发学生思维兴趣的有效手段。教师只有善于提问才能使学生的求知欲由潜在状态转到活跃状态，促进学生思维的运用，从而提高学生的语言思维能力。学生需要自己发挥思维，自己组织语言来回答教师的提问，从而在无形中提高自己的思维能力。

通过提问给学生提供一个表达意见的机会，学生能面对教师和全体学生用自己组织的语言表达对问题的理解和看法，所以通过提问既可锻炼学生组织语言的能力，又可以锻炼学生语言表达的准确性和灵活性，从而全面提高学生的语言表达能力。当学生在课堂上多次回答问题之后，他的语言表达能力自然会提高。教学提问将学生放在特殊的位置上，既能使学生逐步学会熟练地组织语言，准确地表达自己的观点，又能很好地锻炼学生的语言表达的逻辑性和灵活性，从而提高学生的表达能力，以及起到锻炼学生对语言的感受能力和即兴发言的能力的作用。

二、提问有助于学生掌握全篇文章的重难点

语文课堂教学中的提问，一般都是根据教学内容的重点和难点来设计的。教师围绕重点、难点发问，学生在教师的启发诱导下进行思考。语文教学时抓住这些重点内容后，学生对不易理解的某些章节和全文有了更深的印象，往往可以达到事半功倍的效果。当学生对哪个部

分不是很理解的时候,教师适时地提问可以使学生重新回顾这一部分的内容,然后进行思考。早在我国古代就有了"学起于思,思源于疑"的提法。这深刻地揭示了疑、思、学三者的关系。当教师对学生提问之后学生就会疑,然后思考,最后学到知识。

三、提问有助于迅速反馈信息

教师通过提问,可以知道学生对某一方面知识或某一问题的理解和掌握程度,也可以了解学生运用知识解决问题的能力。因此,教师提问是一种直接快捷获取反馈信息的重要渠道。教师也可以根据此信息及时调整自己的教学方法,调整教学进度,更好地完成当堂的教学任务。如果教师在课堂只是一味地讲解,并不知道学生究竟有没有掌握知识,只有通过提问,教师才可以及时获取反馈信息,从而调整自己的教学策略。如果提问情况良好,那么教师可以适当加快速度进行讲解;如果提问情况不好,那么教师可以及时反复讲解或者放慢讲解速度。同时,学生也可以通过回答问题,从教师那里获得评估自己学习状况的反馈信息,在学习中不断审视自己,改进自己的学习态度、方法、习惯等,使自己后继的学习活动更富有成效。所以,教师应深刻地认识并充分地利用教学提问的这一重要功能,为更好地提高教学质量和效率服务。

四、提问有助于提高学生的学习兴趣

教师必须培养学生的学习兴趣,而巧妙的提问正是引起学生学习兴趣的一种有效手段,也是一种重要的教学艺术。教师应通过有效的提问使学生心里产生疑问,引发学生积极思考。所以语文教师课堂的提问艺术是吸引学生深入学习的源泉,是启发智慧的钥匙,是通向知识殿堂的桥梁。

当教师提问的内容学生不甚了解的时候,就会激发学生学习的兴趣,让其在书本上寻找答案,积极思考。当学生对学习有兴趣之后,就会积极主动地学习,从而产生良好的教学效果。所以,在教学过程中,教师可以就学生感兴趣的问题进行提问,从而使学生积极主动地学习。当学生积极主动地学习,对学习有兴趣了之后,学习就会轻松很多。

五、提问是新课程改革的需要

新课程强调的是要给学生留问题，培养学生的问题意识，没有问题的课不能算是成功的课。在新课程中，以"问题为中心"的学习是课堂教学的一种新模式。曾经，教师认为做题就是解决问题，但新课程强调的是，通过设计真实、复杂，具有挑战性、开放性的问题情境，引领学生参与思考，让学生通过一系列问题的解决进行学习。具体而言，主要体现在课程改革首先要解决学生的发言问题，要鼓励学生敢于发言，表达自己的看法。教师要创造提问的情境，让学生意识到他们能提问，可以提问，有权提问，同时师生可以共同探讨研究解决，使学生的学习过程变成学生不断提出问题、解决问题的探索过程。

《义务教育语文课程标准（2022 年版）》指出："评价的着眼点主要在于能否在活动中主动地发现问题和探索问题，能否积极地为解决问题去搜集信息和整理资料。"因此，教师在评价时，要充分注意学生在解决问题的过程中所采用的思路和方法。这些课程的评价建议均可以归结为以问题为中心。发现问题和提出问题是学习的高境界之一。只有不断地提问，学生不断地提出有价值的问题，才意味着教学方式的成功。新课标中的探究性学习和研究性学习也是由问题展开的，也需要培养学生的问题意识。

第四节　提问艺术在小学语文课堂中的应用

一、课堂提问设计的艺术

（一）提问要注重启发性

并不是所有的提问都具有启发性，那些"是不是？""对不对？"的满堂问，就是典型的"注入式"的提问。而提问具有启发性，是指提问要贯彻启发式原则，所提的问题要能激发学生思考与求知欲望，促进学生的思维发展，引起学生的探索活动，体现提问的启发价值，使学生不仅说出当然，还要说出所以然，并提出自己的见解。启发性是课堂提问的基本要求，是开启学生心智的重要手段。问题的难易要适宜，如果教师提出的问题缺乏难度，过于浅白，就会没有思考的余地，索然无味，既不能引起学生的兴趣，又不能起到应有的作用；如果问题太难，就会让人难以琢磨，无从下手，不仅达不到教学目的，还会打击学生的学习积极性，得到相反的结果。例如，某教师在教学《小露珠》一课时，问："小露珠对鲜花、大地做了哪些贡献？"这样的问题虽然有助于学生了解课文，但是学生不假思索就能回答出来，不利于发展学生的思维。为了培养学生的思维能力，可以把问题改为："小伙伴们为什么舍不得小露珠？"

苏联心理学家维果茨基认知心理学的观点认为，人的认知结构可以划分为三个层次，即已知区、最近发展区和未知区。因此，有经验的教师在教学中善于寻找学生现有知识水平和最近发展区的结合点，在知识的增长点上布置悬念，在学生可能形成的思想观念等关键处设置问题，在不知不觉中唤起学生学习的热情，然后逐渐提高问题的难度。实践证明，凡是切合实际引人深思的教学提问，都有助于点燃学生思维的火花，有助于调动学生学习的积极性与主动性。只有启发式的问题才能调动学生的思维，使学生积极参与到课堂教学中，成为学习的参与者。

（二）提问要难度适中，由浅入深

提问的艺术还表现在所提出的问题要有一定的难度和深度，让学生动一动脑筋，克服一定的困难，完成答案。教师设定的问题过于简单，学生的兴趣就很难被调动，学生就不想去思考。但是如果设定的问题太难，学生就会觉得想不出来，干脆不想了。只有难度适中的问题才能让学生既不会厌倦又不会觉得过难，这样才能充分地调动学生的积极性。例如，在教授《九寨沟》这篇文章时，就可以根据文章提出难易不同的问题："为什么称它为九寨沟？为什么九寨沟是一个童话世界？你们最喜欢我国什么地方？为什么？"这样由浅入深地提问，让学生的思维得到很好的发散，循序渐进，层层深入。教师还要掌握好教材的重点和难点，设计好提问的难度。

（三）提问要注重开放性

以前的语文教学通常存在教师领着学生"沿着崎岖的小道向着预设的答案艰难行进"的

情况，学生常常以标准答案为参考，认为标准答案就是对的。其主要原因是问题的设计缺乏开放性。课堂提问要面向全体学生，要具有开放性，尽可能突破标准答案的范围，让答案多样化，力争引发学生思维，培养学生创新意识。

开放性问题可以引导学生多角度思考，有利于调动学生的积极性，可以达到全班同学积极参与的效果。例如，《高尔基和他的儿子》第五自然段这样写道：傍晚，彩霞染红了天空。高尔基坐在院子里，欣赏着儿子种的花，心里有说不出的高兴。教学中，教师可这样启发学生思考：高尔基欣赏着儿子种的花为什么心里有说不出的高兴？学生读了这部分文字，联系前面的内容，进行积极思考。可能有的学生说："高尔基欣赏着花仿佛看到了他的儿子，因为这些花是他儿子种的。"有的说："高尔基欣赏着花想到了儿子在岛上顾不上休息忙着种花的情景，想到儿子那么懂事，心里当然有说不出的高兴。"有的学生还可能联系后面的内容说："高尔基的儿子虽然离开了小岛，但他给岛上的人们留下了美好的东西——鲜花，所以高尔基心里有说不出的高兴。"这一开放性问题的设计，如清风拂过水面，学生带着问题阅读感悟交流，既丰富了课文内容，又丰富了学生对文本的感受，有效增强了学生的独特体验，使学习充满乐趣。

（四）提问要注重趣味性

思维从疑问和惊奇开始，提出新颖、富有启发性的问题，以提问的"石子"，激发学生对一些问题的思考和争议，以起到"一石激起千层浪"的效果，打破学生思维的懈怠和课堂气氛的沉闷，使其迅速进入积极的思维状态。课堂提问时要注意内容的新颖别致，使学生听后产生浓厚的兴趣，继而积极思考，激起其探究的欲望。对于那些学生熟知的内容，要注意转变角度，使学生听后有新鲜感。如果教师在上课的时候提问十分枯燥无聊，那么学生自然也没有学习的兴致，如果教师提问的内容十分新鲜有趣，那么学生自然会对学习内容感兴趣，从而积极主动地学习。例如，在《将相和》一课教学中，教师可以问学生："蔺相如举起和氏璧就要向柱子上撞，是真撞，还是假撞呢？这说明了什么？"这一诱导设问，可以使学生的思维活跃起来。

二、提问要抓准时机

在什么时候提出问题最为恰当？根据教学中的信息反馈，恰到好处地提问，务求使问题提在认知教材的重点、理解知识的疑难处和思考问题的矛盾处，这样才能使学生有接受问题的思想准备和情绪要求。"欲速则不达"，一切都应该从课堂的实际情况出发，在课堂中教师不能一味地提问而是要找准时机，抓住关键时刻进行提问。例如，当全班同学注意力不是很集中的时候，教师可以适当地进行提问，把同学的思路拉回来；还有当同学们对课文中的某一段文字不解时，教师可以恰到好处地提问。

（一）提问要面向全体学生，尊重差异

因为教育要面向全体学生，因此课堂提问也要面向全体学生，让班里的每一个学生的积极性和创造性都能够得到调动，课堂的发问要坚持面向全体的原则。教师在教学活动中，虽然不能为每一个学生都量身打造一套问题，但是教师设计问题时应该根据不同学生的不同能力设计不同的问题，这样各类学生都能够增长一定的知识。此外，当有学生站起来回答问题的时候，教师要让班里的每个人都认真地倾听，并根据学生的回答提出不同的观点，这样提问的涉及面就很广了，每个学生都能够很好地开启心智。教师要依据提问的目的选择对象，务必使提问照顾到全体同学，不要让学生感受到了自己被忽略。

（二）创设良好的提问环境

学生在小学语文课堂中的参与性在很大程度上影响着小学语文课堂提问的有效性。在小学语文课堂中，良好的人际关系、教师的鼓励、充足的思考时间等因素都能推动学生对问题进行积极的探索与分析。由这些内容构成的教学环境对于优化小学语文课堂提问的效果具有重要意义。因此，在小学语文课堂提问中，教师必须重视提问环境的创设。小学教育阶段对学生学习习惯的培养十分重要，在教学中，学生被规范所束缚是一种客观存在的现象。所以，在小学语文教学中呈现出年级越高的学生越欠缺发言与提问主动性的情况。另外，对学生在课堂中的发言，教师希望得到的标准答案往往与学生的真实感受与理解并不相符，尤其是对于教学内容具有灵活性特点的语文教学而言，这一问题更为明显。久而久之，在小学语文课堂中，学生的主体性体现出了严重的缺失。为了提高小学语文课堂提问的有效性，教师必须

擅长营造良好的提问环境，为学生提供良好的学习氛围与教学环境以及具备互动性的交流空间，促使学生在愉快和轻松的学习氛围中感受到自身所得到的尊重，并发挥出学生的主观能动性与创造性。所以，在提问过程中教师要注重引导，并且对学生的答案给予鼓励，此外小组讨论也是重要的方式。这样学生会更加踊跃发言。

总之，提问是小学语文课堂的关键一环，是调动学生积极性、了解学生学习情况的关键。爱因斯坦说："提出一个问题远比解决一个问题更重要。"问题是小学语文教学的核心，思源于疑，问题是思维的起点。课堂上，教师要用心设计问题，掌握提问的艺术。这样才能真正开启学生智慧的大门，才能在实践中发挥课堂提问的有效性和灵活性。在实际教学过程中，教师一定要在问题设计和提问操作方面多加研究，提出有价值、引起学生兴趣的问题。这样，学生才能在提问中不断进步，不断成长。

第五节　优化语文课堂提问

陶行知说过："发明千千万，起点是一问。智者问得巧，愚者问得笨。"有人说，"学问学问，一学二问，只学不问，越学越笨。"对教师而言，"善教者则为善问者""知道了如何提问就等于知道了如何教学"。对学生而言，"学会提问是语文入门的标志"。在课堂教学中，提问包括教师提问和学生发问两方面。那么，就这两方面的对象而言，如何优化课堂提问呢？

一、提问要有目的性

有效提问的一个重要标志是提问要有目的。一个好的问题绝不是漫无目的，应该是目的明确，与课文学习密切相关的、有意义的问题。提问要有明确的动机意识，设计问题时要做到"三问"：为什么提问？为什么提这样的问题？为什么这样提出问题？

有些教师在备课时常常在问题旁边写上"为什么要提这个问题，提这个问题能解决什么问题"，这是一个很好的做法，这样保证了提问的有效性，即无目的、无价值的问题不提，与课文关系不大的问题不提，没有思考力度和张力的问题不提。

什么样的问题有价值？什么样的问题应该提？这是教师在备课时经常思考的一个问题。设计提问的依据应该是：对达成教学目标、突破难点、凸显重点、有价值的问题应该提，必须提；反之，应该舍，必须舍。这样，才能在有限的教学时间里，最大限度地提高课堂提问的效益。

二、提问要有切入点

提问要有切入点，抓住了这些切入点，就找到了提问的"拐棍"。教师要吃透教材，熟悉学生学习情况，找准问题设计的着眼点。学生在学习过程中生疑、发现问题的本领，不是先天具有的，需要教师用心培养。这就要求教师不仅能鼓励学生质疑问难，还要能教给他们质疑的方法，给学生一双会生"疑"的"慧眼"。那么，怎样才能找到提问的切入点呢？以下抓提问切入点的"十问"是找到提问切入点的关键。

（一）问在课题处

课题是课文的眼睛，它往往有揭示中心、概括课文内容的作用。教学时，教师可从课题入手提出问题，如课文写"谁""是什么""为什么"，层层深入挖掘。

在引导学生从课题入手进行提问时，教师可以告诉学生题目好比是文章的窗口，通过这个窗口可以窥视全文的主要内容。在引导学生阅读时，提示他们可以针对课题提出一些问题。一般可从"是什么？为什么？怎么样？"这三方面来提问，久而久之，使学生逐渐养成见题生疑的习惯，从而提出一个又一个问题。例如，看到课题《掌声》，学生就会从"这是给谁的掌声？""为什么要给他掌声？""这掌声代表了什么？"三方面思考；看到课题《微笑着承受一切》，学生就会发问"谁微笑着承受一切？""为什么要微笑着承受一切？""她是怎样承受着这一切的？"不管这些问题是否稚嫩，都是学生自主学习的起步，学生智慧火花的闪现，教师都应对其进行鼓励。

（二）问在关键处

一节课的教学目的，一般是围绕课文的重点难点制定的。课文的重点难点，要根据课文的难易程度和学生的理解能力来确定。课堂上所提的问题，都要围绕课文的重点和难点，就像击鼓要击在鼓点上，好问题往往要问在文章的点睛处。例如，教学《一夜的工作》时，可在理解全文的基础上，让学生找出中心句："看啊！这就是我们中华人民共和国的总理，我看到了他一夜的工作。""他是多么劳苦，多么简朴！"然后提问：周总理的劳苦体现在哪里？简朴又表现在哪儿？引导学生由中心句辐射全文深入讨论。这样的提问，学生凭借语言，抓住重点分步讨论，不但学有兴趣，而且对课文如何围绕中心选择材料，怎样运用具体材料说明中心的写法印象深刻。

教师要时常鼓励学生抓住文章的重点——关键词句进行质疑，一些推动情节的词句、内容结构照应的关系句、最能体现人物思想品质的句子、中心句等都是可质疑的关键词句。抓住了这些词句，就等于抓住了学习的关键。例如，课文《真正的愤怒》中有这样一句话："在我生命里曾经流淌过一碗水，是这碗水让我懂得了什么是真正的愤怒。"这句话很关键，是理解全文、揭示主题的钥匙，要让学生读这段话后质疑。果然学生对此生疑，提出了好几个很有思考性的问题："这究竟是一碗怎样的水？""为什么说这碗水曾经在我的生命中流淌过？""这碗水为什么能让我懂得什么是真正的愤怒？""什么是真正的愤怒？"这些问题就能引导学生一步步深入阅读，不断探究。

（三）问在矛盾处

教材中的许多耐人寻味的矛盾处是作者有意安排的点睛之笔，抓住这些地方提问，不但能激起学生的探究愿望，而且能把课文理解得更透彻。例如，有位教师教《捞月亮》，一开始就板书"捞"，然后走到讲台上拿起一本书问：这是不是"捞"（拿）？又从地上捡起一个粉笔头问：这是不是"捞"（捡）？那么"捞"是什么意思？在学生理解"捞"的意思后板书："月亮"。又问：月亮在天上，能"捞"吗？而文中却说"捞"月亮，这是怎么一回事呢？以此启发学生探求课文的愿望。

教师要教给学生抓住课文的矛盾之处质疑的方法，如教课文《家是什么》，教师让学生反复读课文后让学生找找文中有何矛盾之处。学生就会提问"为什么富翁有豪华的别墅，却说没有家，为什么热拉尔找到了女儿，就说：我又有家了"。教师引导学生在结合两个故事的讨论中，对"家是一个充满亲情的地方，没有亲情和被爱遗忘的人，是真正没有家的人"这句话，有了更深的体会。

（四）问在空白处

有些课文，作者为了达到某些表达效果，有些情节不做细微的叙述，这就为人们提供了广阔的想象天地。为了让学生深刻理解课文内容，可以启发学生想象，让其填补文章空白，这样学生就可走进文章的"心灵"，领会文章的思想感情，从而进行创造性思维。例如，课文《狼和小羊》这样结尾：狼不想再争辩了，漏着牙逼近小羊，大声嚷道"你这个小坏蛋！说坏话的不是你就是你爸爸，反正都一样。"说着就往小羊身上扑去。"结果会怎么样呢？"教师让学生带着这个问题去思考，并根据文章的情节进行合理想象。学生们经过思考，为小羊设想了两种命运：第一种设想是沿着课文的文意续写课文，如有的学生写道：软弱的小羊无力抵抗穷凶极恶的狼，活活被狼咬死了。狼一边喝着河水，一边津津有味地吃着鲜美的羊肉。第二种设想是改变了课文的原意，描绘出了与课文内容相反的结果，如有的学生写道：就在这时，小羊急中生智，对狼说"亲爱的狼大哥，我得了一种传染病，您千万别吃我的肉，不然这种病会传染给您的"。狼半信半疑，最后还是放小羊走了。还有的学生写道：望着眼前这个凶狠的家伙，小羊眼珠骨碌碌一转，说"尊敬的狼大哥，您能让我在死之前再吹一首曲子吗？"狼想"你迟早都是我口中美餐，不妨就满足你的要求吧！"于是狼点了点头。然后小羊拿起腰间的笛，吹响，它的笛声被树林里的猎人听到了。

学生运用自己的智慧和已有的知识进行合理的想象，极大地丰富了课文内容。又如，教《从现在开始》一文时，教师可以启发学生想象：如果轮到大象、螃蟹、百灵鸟当上"万兽之王"，它们会发布什么命令呢？学生就会从各个角度展开想象，从而在文章的空白处进行填补。

（五）问在写法处

小学语文教学中，人们常见教师比较多地从阅读分析的角度提出问题，从帮助学生提炼文章主题的角度提出问题；较少见到有教师从写作的角度提出问题组织教学。

教师不但要引导学生懂得课文写了些什么，更要让其理解课文为什么这样写，这样写有何作用。备课时，教师要引导学生看文章在写作上与其他文章有何不同，要变换角度，从写作的角度去提问或引导学生发问。例如，在阅读教学时可以让学生品词品句，这里为什么用这个词？为什么不重复使用相同的词？作者为什么这样谋篇布局？在表达上有何特点可以让我们学习？

如《丑小鸭》一文写道："丑小鸭来到树林里，小鸟讥笑他，猎狗追赶他。他白天只好躲起来，到了晚上才敢出来找吃的。"有位教师这样设计：能给"讥笑"换个词吗？小鸟会怎么讥笑丑小鸭？"猎狗追赶他"，"如果你给这句话画一幅插图，画上的猎狗会是什么样的？丑小鸭呢？""讥笑""追赶"两词，如果就词解词的话，学生的理解可能会游离于文本之外，苍白无味。但在教师精心创设的问题情境中，学生仿佛来到野外，他们用语言描绘着丑小鸭的遭遇。小鸟说："你是世界上最丑的，没有人愿意与你交朋友。""你们大家来瞧啊，这里有个丑八怪！"等。这时，"猎狗张牙舞爪，瞪大眼睛，一副凶神恶煞的样子"。"丑小鸭好害怕，缩着身子，拼命往草丛里钻"。这是学生从心底发出的最纯真的声音。教师不失时机地出示"担惊受怕、提心吊胆、惊恐万分"等词语，丰富学生的语言和情感。

又如，在教授《图书馆里的小镜头》一课时，教师可以大胆地从读写连接的角度设计问题，组织教学。使读与写紧密结合，为学生的读写进行铺垫。《图书馆里的小镜头》这篇文章，就内容而言，通俗易懂，无须教师喋喋不休地进行分析讲解，但是这篇文章的语言很有特色，它通过细腻的笔触描写了图书馆里的一个个小镜头。通过这些小镜头，如实地反映了不同年龄、不同职业、不同性格的人对知识的渴求。体现了新时期人们如饥似渴努力学习的精神风貌。教师可以在课上设计以下几个问题，这些问题全是从读写连接的角度设计的。

问题一：课文采撷了图书馆里的哪几组小镜头进行描写？学生在熟读课文的基础上不难归纳出课文选取了人们"进馆、选书、看书"这三个小镜头，这一问题帮助学生理清了文章的写作结构。问题二：请你说说作者在写"人们看书，这组小镜头时，是抓住哪几个人物来写的？为什么只写了这四个人物？"在学生回答"分别抓住一个小伙子、一个小姑娘、一个小孩、一个老人来写的"时，学生会体会到课文是抓住了男女老少这四个具有代表性的人来写的，从而懂得选材要注意具有代表性。问题三：你觉得课文中的这几个人物写得怎样？好在哪里？学生在品词品句的基础上体会到文章抓住了不同人物的语言、神态，写出了他们的年龄特征、性别特征和性格特点，学生由此体会到课文语言的精妙。问题四：课文除写这四个人外，还写了哪些人？写出了他们的什么？学生在文中找到写不同人的手、鞋、眼镜、头发的句子，感悟到作者通过写不同的手、鞋、眼睛以及头发，写出了不同年龄、不同职业、不同性格的人这样一个群体。问题五：为什么作者在写了典型人物读书的小镜头以外还要写群体的小镜头呢？可不可以只写其中的一组镜头呢？此问题的目的是让学生学习课文时采用点面结合的写作方法，通过点的描写，把人们专心读书的情况写具体、写生动，通过群体描写让读者了解进图书馆读书的人数量众多和人们对书的渴求。问题六：在播放《超市里的小镜头》的录像后，教师提问：那么，如果让我们写超市里的小镜头时，你可以学习课文的哪些写法？

学生从文章的结构、选材、语言和谋篇布局等方面提出自己的看法，明确了可以学习、借鉴课文的地方。问题七：除了写超市里的小镜头，你还可以写生活中的哪些小镜头？学生可能会兴趣盎然地说出可以写菜场里的小镜头、教室里的小镜头、运动会上的小镜头等，从而写作的思路大开。

在此基础上，再让学生写半命题作文《××的小镜头》时，学生的习作困难就迎刃而解了。在学生的当堂作文中，既有对课文的模仿，更有对文章的创新，这样就会收到很好的写作效果。在这堂课上，学生既学习了课文的语言，又很好地把课文语言转化为自己的语言，使读与写的能力得到了同步提高。教师经常引导学生从写作的角度提问，学生也会学习从写作的角度质疑问难，这对学生写作能力的提高是大有好处的。

如果说以上"五问"是从教材的角度提问，那么，以下的"五问"则是从学生认知的角度出发提问。

（六）问在兴趣处（兴趣点）

教师提问要抓住学生学习课文的兴趣点，因为兴趣是最好的教师，能激发学生学习的热情。小学教师面对的教育对象是 10 岁左右的孩子，兴趣更是他们学习的动力。在设计问题时，教师要从学生的角度出发，尽量发掘他们的兴趣点，激发他们探究的乐趣。例如，教《水上飞机》时，教师可以提问：飞机在天上飞行，轮船在海上航行，课文中的飞机却能在水里飞行，这是为什么呢？学生就能兴趣盎然地进入课文学习。又如，教《爱迪生孵小鸡》一文时，教师可这样提问：爱迪生能孵出小鸡吗？学生回答：当然不能。那么，课文为什么要写爱迪生孵小鸡呢？学生在对他们感兴趣的地方也会提问，如在学《石榴》一文时，就会有学生提问：石榴花又不是人，课文为什么要写石榴花开得"热闹"呢？通过讨论，学生对课文采用的拟人写作手法就有了深刻的感悟。

（七）问在震撼处（动情点）

文章中学生的动情点往往也是最能激发学生情感，调动学生学习积极性的地方，这时提出的问题及解答的过程能使学生印象深刻。例如，在教《别了！我爱的中国》一文时，可能会有学生提问：我们都把自己的国家称作祖国，文中的作者却为什么不说"别了，我爱的祖国！"却说"别了！我爱的中国！"呢？这样的问题提得很有质量，为教师引导学生进一步体会理解作者的爱国之情，打动学生的心弦起到了推动的作用。

（八）问在疑惑处（疑难点）

当学生学习上处于"山重水复疑无路"之时，教师应善于点拨诱导，几经循环，就能达到"柳暗花明又一村"的境界。在某教师教授《孔雀和乌鸦》一文时，教师提问：孔雀和乌鸦的羽毛谁漂亮？学生纷纷说孔雀漂亮，可有一位学生却偏偏说乌鸦漂亮。这出乎教师的意料，他微笑着让学生说出理由。这位学生说："因为我喜欢黑色，我妈妈总是穿一身黑色的衣服，别人都说她穿黑颜色的衣服很高雅，很有气质。所以，我认为乌鸦的羽毛虽然是黑色的，却也很漂亮。"这位教师充分肯定了这位学生有自己独特的见解，全班学生也给了他热烈的掌声。又如某位教师在教《真正的愤怒》一文时，学生对文中小姑娘不去扶摔倒的老奶奶却去抢救一碗水不理解，教师就因势利导，引导学生反复读课文，使其理解山区水的珍贵，小姑娘去抢救水的必要，学生头脑中的问题迎刃而解。

（九）问在碰撞处（碰撞点）

学生的思维往往有不同的碰撞，这在质疑和解答问题过程中随处可见，教师要抓住学生的思维碰撞处引导学生释疑。某位教师在上《草船借箭》一课时，同学们正纷纷讨论着诸葛亮的"神机妙算"，突然一个别样的声音冒出来："老师，我发现诸葛亮也有未料到的事。"师："何以见得？"生："文中写到诸葛亮讲：三天后，请到江边取箭。试想既然造箭，怎么会到江边取呢，要是周瑜再细琢磨一下，就能发现破绽。"显然，这是与众不同的声音，在其中蕴藏着丰富的教学资源。这位教师由此追问："那为什么诸葛亮的计谋还能成功呢？"经过再次讨论，学生对诸葛亮的识人心和周瑜的性格就有了更深的理解，也就更惊叹诸葛亮的"神机妙算"。

（十）问在忽略处（忽略点）

课文中有些词句往往不被学生注意，而教师应遵循文章思路，把它提出来引导学生探究，以利于学生加速加深理解课文，并学习作者的写作方法。例如，某位教师在教授《第一个发明麻醉剂的人》一文时，师生间对话如下：

师：什么叫几味草药？一味就是一种，几味草药就是几种草药。中医开方时少则几味药，多则十几味，有些重症需要几十种草药一起煎熬才能奏效。

生：是哪几味草药？

师：不知道，课文没写，扁鹊没告诉我他的秘方。

生：（学生齐笑）那些草药真的有那么神奇的效果吗？

师：当然啦！书上怎么说的？

生：太子喝了药没多久，就恢复了健康。

师：中医是我们的瑰宝，它有神奇的疗效。如果你感兴趣，老师建议你长大后去报考中医药大学，从事中医研究。

这几个出乎意料的提问，看似"非语文"的问题，教师在备课时并不在意，但也许就是学生阅读课文后一直萦绕在心头的问题。现在根据学生的学习需求，帮助他们解决了，学生一定会有豁然开朗的感觉。教师借释疑解惑的机会，还不露痕迹地弘扬了中华民族的宝贵文化遗产——中医。

除此以外，还有"抓住文章反复之处提问""抓住文章中的标点符号提问"等，都是为教师提问和学生质疑提供了方向和切入点。只要坚持训练，教师提问的针对性和有效性就会不断增强，学生的质疑能力也一定能有长足的进步。

三、提问要有层次性

教师在备课时，反复推敲，精心设计课堂提问，帮助学生加深理解。设计的问题要适当、适度和适量。适当，主要根据文章不同体裁，设计不同层次的问题；适度，主要指问题的难度要适合学生的实际知识水平；适量，主要指问题的多少要适合学生的接受能力。

（一）所提问题的层次性

提问=陈述语气+疑问语缀，所提问题要由简到难，由普遍到特别，逐层推进。例如，"你以为如何？""你同意吗？""你能告诉我吗？"等问题，必要时可将提问延伸一次，以引入"缓冲区"，获得更深对话的契机："为什么要那样？你如何想起那种方法的？"如果再加上鼓励和期待，学生的回答可能会更精彩："还有不同的看法吗？""有没有新的看法？""谁还有更合理的想法？"

如学生初读《跳水》一文后，教师提问："你感觉有趣的地方是什么？让你最揪心的地方在哪里？你最敬佩的人是谁？"在了解学生的兴趣点、震撼点、动情点后，教师可继续提问：

"本来有趣的事情怎么会变成扣人心弦的险情？船长为什么能化险为夷？你敬佩的船长是怎样一个人？"问题层层加深，以此激励学生探索情节发展的脉络、矛盾激化的焦点、解决问题的方法。

（二）提问对象的层次性

课堂提问时，有些问题可由教师提问，有些问题可让学生提出，这因文而异，灵活使用。

例如，某教师讲授的《鲁班和橹板》一课，在引导学生认识了鲁班和橹板之后，他出示了课题。

师：读了课题你知道了什么：

生1：鲁班是个木匠，他发明了锯子。

生2：鲁班是个能工巧匠，是木匠的祖师爷。

生3：橹板是摇船的工具，它是鲁班发明的。

师：你们还想知道什么？

生1：鲁班为什么要发明橹板？

生2：他是怎样发明橹板的？

生3：鲁班发明的橹板有哪些用处？

生4：他怎么会想到做出橹板这个样子的？

这则实录中，教师分两步做。第一步，由教师发问，让学生充分展示自己已有的知识；第二步，请学生提出问题。学生畅所欲言，使教师摸清了他们的认知现状，也让教师找到了这一堂课合适的教学起点。

（三）答问对象的层次性

有的心理学家把问题从提出到解决的过程称为"解答距"。所谓"解答距"就是让学生经过一番思考才能解决问题，让思想的"轨迹"有一段"距离"。纯属记忆性的问题，只要重复记忆就可完成所答，或问上句，答下句，不必经过思考即可回答的提问，是不存在什么"解答距"的。一般说来，根据"解答距"的长短，提问可以分为四个级别。

第一级，属于初级阶段。这一阶段教师所提的问题，学生只要参照学过的例题、例文，就可以回答，这样的问题，属于"微解答距"的范畴。第二级，属于中级阶段。这一阶段教师所提的问题，并无现成的"套子"可以依傍，但也不过是现成"套子"的变化与翻新，这样的问题，属"短解答距"的范畴。第三级，是高级阶段。这一阶段教师所提的问题，要求学生能综合运用学过的知识进行解答，而不是简单地变通，属"长解答距"的范畴。第四级，则是高级阶段的发展，属创造阶段。这一阶段教师所提的问题，要求学生能采用特有的方式（无现成的方法可以参照）去创造性地解决问题，属于"新解答距"的范畴。教师应从学生的实际出发，合理调配提问中四个等级问题的坡度，为学生架设从已知通向未知的阶梯，使学生能够在教师的启发下通过自己的努力，做到拾级而上、步步升高，直达知识的高峰。

根据四个"解答距"的心理学理论，教师的提问内容要有梯度，要有层次；学生回答问题，也要有层次。引路性提问（新解答距），要多问尖子生；综合性提问，要多问优等生；锻炼性提问，照顾中等生；鼓励性提问，穿插点待优生。

教师的问题不在于多，而在于问题的思考性和层次性，引导学生由"文"及"道"，从"内容"到"内涵"，引发学生思考。学生在教师问题的驱动下透过语言文字，探究人物的内心世界。课堂提问要让每个同学都有启迪，要使人人主动进取，使课堂变成学生施展才华、彼此竞争的场所。

四、提问要有艺术性

提问要生动形象，过分死板的问题不是好问题。设计问题要有艺术性，问题要富有思考性，力求新奇、巧妙、有趣。这样的问题有助于培养学生的学习兴趣，有利于增强学生的思维能力。这样的问题，像一根魔术棒，能吸引学生，让学生的精神处于亢奋状态，从而把无意注意转化为有意注意。

第六节　课堂中如何精巧设问

课堂提问是教学中用得最多却又很难用精、很难用巧的一门艺术。在语文教学中，重视课堂提问，掌握课堂提问的艺术，是提高教学质量的一条重要途径。《义务教育语文课程标准

（2022 年版）》要求学生："对课文的内容和表达有自己的心得，能提出自己的看法和疑问，并能运用合作的方式，共同探讨疑难问题。"让学生学会质疑，主动质疑，这既是提高教学质量的一个有效途径，又是培养学生创新精神的重要方法。

目前，在众多的语文教学方法中，课堂提问的诱导启发与思考问题、解决问题有着密切的关系，课堂设疑提问的质量直接影响着教学的质量。如何精巧设问，使思考不再成为学生精神上的负担，是一种身心的欢乐和享受，是每个语文教师应该认真思考和努力探讨的重要课题。

现今新课程的语文教学，"注入式"的教学方法已经不再受学生的欢迎，合作、讨论、探究式的教学方法正在逐渐成为主流。如果教师提的问题有启发性，那么学生就乐于思考，乐于回答，对其学习新的知识就会产生一种促进作用，课堂上也就不至于"死水一潭"；反之，如果教师提的问题空洞生硬，或是哗众取宠，让学生做简单的"问答游戏"，表面上看起来课堂上举手的人很多，搞得轰轰烈烈，其实是简单化了学生的思维，让学生一味地去课本上找答案，根本谈不上发展学生的智力。

提问的目的很大程度上是为了正确引导学生质疑、释疑。学生不会质疑怎么办？首先要让学生敢于提问，要破除学生怕提问、怕师生嘲笑的心理疑虑，让学生大胆地提问，毫无顾忌地提问，凡是提问，不管好与坏，不管对与错，都要给予肯定和表扬。其次，要教给学生提问的方法，要引导学生抓住重点词句，抓住关键问题提问，不能"浅尝辄止"，而应该刨根究底，多角度地思考，多方位地发问。最后，要在质疑上舍得花时间，绝不能走过场，搞形式，而应该实实在在地让学生学会提问，逐步培养学生养成由不敢问到敢问、由不会问到会问的能力。

对待学生的质疑，只要是有思考价值的问题，无论是教师能回答的，还是不能回答的，都应该积极地引导学生自己释疑。根据学生问题的不同类型，可以从以下四方面引导学生质疑和释疑：

一、在反复朗读中释疑

"书读百遍，其义自见。"对于学生提出的似是而非、有争议的问题，可以让学生在反复朗读课文后从课文中寻找依据、讨论辨析和自行求解。教师可以组织学生反复朗读课文，特别是要抓住人物的语言和人物的思想，让学生读出语气、从中体会情感；然后在此基础上，再请学生抓住课文中的词句了解作者的思想变化，使学生在反复朗读中自我释疑。

二、在同类比较中释疑

有些问题不能孤立、片面地理解，必须借鉴相类似的阅读材料，在相互印证、补充中求得全面的理解，教师扮演的角色要发生转变。"新课标"指出：教师是学生学习的伙伴。教师在课堂上要亲切、温和，课堂下多与学生谈心，让他们觉得教师平易近人、和蔼可亲。这样学生才会由怕教师变为敬教师、爱教师，他们才会向教师敞开心扉，乐意发表自己的看法。

三、在启发引导中释疑

有些问题，涉及课文中含义比较深刻的词句理解，如果教师能启发引导学生运用以前学过的方法去释疑，就能收到比较好的效果。通过运用多种方法启发和引导学生释疑，就可以加深学生对课文的理解，激活学生的思路。许多活生生的教学事例说明，严厉、呆板的教学态度和教学方法，只会扼杀学生的创新意识及能力。他们只是一味地听教师的话，按教师的要求去做。这样的教学难以培养出有主见、有创新意识的学生。所以，在课堂教学中，教师应千方百计地给学生创设一个宽松、民主的环境，让他们在这样的环境里充分发展、张扬个性。

四、借鉴资料释疑

对于那些涉及面广的问题，光靠语文教材是不够的。对于这些问题，教师可以让学生通过课外查阅相关资料等方法自行解决，进行一些方向性的指导。例如，引导学生可以采取哪些途径、查阅哪类书籍来解决这些问题。实践证明，教师引导学生自己释疑，能有效保护学生质疑的积极性，提高学生自主学习的能力。所以，精彩的课堂提问是培养学生质疑能力、诱导启发学生思考问题的教学方法。

总之，课堂提问是一门艺术，作为教师，要灵活应用课堂提问的有效策略，要在提问的有效性、切入点、层次性、艺术性等方面不断优化，那么小学语文课堂教学质量的提高就指日可待。

第四章　小学语文有效教学实践研究

第一节　小学语文识字与写字教学实践研究

识字与写字教学，包括汉语拼音教学、识字教学和写字教学三部分。《义务教育语文课程标准（2022 年版）》强调，学生生理、心理以及语言能力的发展方面，具有阶段性特征。不同内容的教学也有各自的规律，应该根据不同学段学生的特点和不同的教学内容，采取合适的教学策略。

一、汉语拼音的教学方法

（一）在优美情境中学习拼音

现在的汉语拼音教材，几乎每课都把所要学的零散的拼音内容有效地整合成接近学生生活的情趣盎然的情境图，所配插图大都既提示字母的音，又提示字母的形，这不但在视觉上给学生以愉悦的感受，而且在内容上，体现了生活的美好，体现了积极向上的人生态度。在教学时，许多教师都能恰当地运用教材，充分发挥教材的优势。例如，有的教师在教学复韵母时，在教学流程的编排中，先是利用情境图引出要学习的"ang""eng""ing"和"ong"四个字母。在学生充分认读之后，又利用"表音表义图"，加强对字母的识记，并进一步利用"语境歌"，巩固字母的认读效果。这样的设计，巧妙灵活地运用了教材中创设的"两境"，为拼音教学服务。儿童是用形象、色彩、声音来思维的。情景的创设，使拼音课堂教学妙趣横生，学生在优美的情境中，可以展开想象的翅膀，在不知不觉中主动学习拼音。

（二）在生活语境中学习拼音

首先，要有意识地把学生从生活中获得的经验转化为学习新知识的基础，巧妙地在学生已有的生活经验与学习对象之间建立起新的联系。例如，在教读单韵母"Ü"时，有的教师出示翘着尾巴、吐着泡泡的大红鲤鱼的幻灯片，让学生观察图形与字形、图意与读音之间的相似处；学生借助他们原有的对"鱼"的认知，就很容易认识并掌握单韵母"Ü"的字形和字音。其次，儿童学习汉语拼音，是一个从语言实践中来，又回到语言实践中去的过程，所以拼音教学不仅要利用学生熟悉的生活环境，激活学生的生活经验，还要多组织与学生的生活世界紧密联系的语言活动，鼓励学生将所学的汉语拼音运用于实际生活中。最后，充分利用一切的学习资源和实践机会，让学生在生活中学，在生活中巩固。例如，在教学具体音节时，可以从学生身边的生活事例入手，从学生最熟悉的口语入手，从学生接触的生活物品入手，引导学生从中提炼出对拼音符号的认同与理解，并进一步让学生联想生活中与此音节相同的其他语词，还可以引导学生把学过的拼音制成标签，贴在自己的学习用品及生活用品上。

（三）在快乐的游戏中学习拼音

游戏是儿童的天性，也是儿童快乐的源泉。把汉语拼音的学习和游戏有机地结合起来，在游戏中学，在活动中学，能有效地激发儿童学习的兴趣，吸引学生的注意力，收到良好的教学效果。在拼音教学中，可以利用各种有趣的形式，创设生动活泼的学习情境，吸引学生主动参与、互动学习。例如，编儿歌、找朋友、摘果子、猜猜看、摆字母、讲故事、打拼音牌、做拼音操、开火车等，都是拼音教学中常用的学生喜欢的游戏形式。游戏的过程，其实就是学生进行大量的语言活动和肢体活动的过程。在这一过程中，儿童不仅能主动、轻松地掌握拼音知识，还能发展他们的语言能力和思维能力，激发想象力和创造潜能，并在学习中获得快乐的情感体验。

二、识字教学的策略

（一）形、音、义结合，以字形教学为重点

识字教学包括字形的教学、字音的教学和字义的教学，这是识字教学的主体内容。在儿童识字时，要使汉字的形、音、义三个基本因素紧密联系，互相沟通，最终达到会读、会解、会写和会用的程度。汉字是记录汉语的符号系统，是形、音、义的统一体。识字教学应该根据汉字的特点，贯彻形、音、义结合的原则，使学生读准字音，认清字形，了解字义，从而对一个字形成的完整认识。

相对于字的音和义来说，字形是儿童学习的新因素，是他们经验中所缺少的。字形的掌握比字音、字义的掌握要困难得多。有实验证明，在巩固生字的检查中，字形错的频率往往要比音错、义错高得多。可见，字形是识字教学的关键，也是识字教学的难点。应该强调的是，字形学习不是孤立的。识字教学应该充分利用儿童生活经验中已有的音、义联系，与字形建立新的统一体。当然，如果生字的字义是儿童所不熟悉或较抽象的，则要先帮助儿童建立新的音、义联系，然后在此基础上与字形建立统一的联系。

（二）利用汉字规律，引导学生认识汉字的魅力

汉字是表意文字。在教学过程中，教师可以充分利用汉字的表意功能、汉字的结构或汉字的造字原理，适当渗透相关的字理知识或其中蕴涵的文化信息，让学生在不知不觉中感受汉字的优美和趣味，发现汉字的特点和规律，从而有效激发他们主动识字的愿望，培养他们独立识字的能力。例如，有的教师在教学《口耳目》时，巧妙地利用汉字的造字原理，引导学生依据象形字的造字特征，联想生活经验，很快便掌握了兔、羊、竹、木、鸟、禾等字的字形识记方法，使独体字的学习过程形象化和趣味化。正是以文化的视野站在更高的境界去认识识字教学的意义和规定识字教学的目标，教师才能在教学内容的选择中，树立文化渗透的意识，充分利用汉字规律，引导学生认识汉字的优美。

（三）运用多元识字法，激发学生的识字兴趣和潜能

每一种具体的识字方法，虽然各具特色，各有所长，但却不可能是全能、没有局限的，所

以在教学中应当相互取长补短。就汉字的属性而言，注音识字强调字形与口语的关联，字理识字则强调利用汉字形义统一的原则；就汉字的习得阶段而言，韵语识字适用于识字的初期集中积累阶段，分散识字则更适用于识字的中后期积累运用阶段等。在教学中，要根据不同的教学阶段和汉字不同的属性，选择不同的识字方法和教学策略。教学方法与教学策略的多元化，既可以灵活应对汉字自身的复杂性，也可以有效适应不同阶段的汉字习得要求。在教学中，教师应该尽量用汉字自身的构形原理及其形、音、义统一的科学规律来调动学生的观察力、想象力、联想力和思考力，从而有效激发学生学习汉字的兴趣，开发他们的各种识字潜能。

（四）创设良好的识字语境，培养学生独立识字的能力

识字教学不仅要注意抓住汉字自身的规律，选择恰当的教学内容，还要注意结合学生的特点，将学生熟知的语言因素作为主要材料，结合学生的生活经验，引导他们利用各种机会主动识字，力求识用结合。因此，在教学中要抓住儿童认读汉字的规律，为学生创设识字情境，让学生在生动具体的生活情境和识字语境中，主动识字和用字，逐步获得独立识字的能力。在教学中，教师还要特别注意学生独立识字能力的培养。在教师示范学习了一个生字以后，概括出学习方法，再引导学生用自己喜欢的习惯和方法，识记其他生字。学生在自主学习的过程中，充分发挥出个人的识字潜能和创造力。

在教学中，教师要深入理解教材的编写意图，开阔教学视野，整合学生生活中的课程资源，把识字与生活联系起来，与阅读联系起来，为学生创设生动活泼的生活场景，让他们在愉悦的识字空间中调动自己的生活积累，学会运用各种途径和方法主动识字，准确用字。

三、写字教学的策略

《义务教育语文课程标准（2022 年版）》提出了加强写字教学的要求，强调要重视对学生写字姿势的指导，要引导学生掌握基本的书写技能，养成良好的写字习惯。扎扎实实地抓姿势、抓习惯、抓技能，是学生写好字的关键。

（一）指导学生形成正确的写字姿势

《义务教育语文课程标准（2022 年版）》强调要形成正确的写字姿势和良好的写字习惯。低年级是形成正确的写字姿势和良好的写字习惯的关键期，正确的写字姿势，不仅有利于书写的质量，也有利于儿童身体的健康发育。教师应该重视写字前的准备工作的指导，正确的写字姿势包括正确的执笔方法和正确的坐姿。以往要求写字要做到一拳、一尺、一寸。后有实验认为"三个一"不够科学，正确的写字姿势应该是眼睛离书本 15～20 厘米，指尖到笔尖距离 1.5～2 厘米，胸部离桌面大体一拳。在教学中，做到以端正平稳，自然舒展、不紧张、不局促为宜。

根据低年级学生的年龄特点，教师在指导学生形成正确的写字姿势时，应适当地采用直观形象的方法，如图片展示法等。由于低年级的学生对语言的理解感知能力相对较弱，因此让学生通过图片，直观地比较正确的书写姿势和不正确的书写姿势，或借图片告知学生书写及保管文具的过程，可以收到很好的效果。此外，还可以用行为示范的方式。小学生的模仿能力很强，教师的书写姿势对学生来说是最好的示范，也可以让写字姿势良好的学生示范，让学生间相互影响。

（二）掌握规范的书写技能

写字教学的核心内容是培养学生的汉字书写能力，要求能够用硬笔和毛笔书写楷书，并达到规范、端正、整洁和美观，并且有一定速度的书写要求。掌握规范的书写技能，是保证写字质量的关键，也是写字教学的核心内容。书写技能包括正确掌握硬笔字和毛笔字的执笔方法和运笔方法；掌握汉字的基本笔画和常用的偏旁部首，准确地把握笔顺规则和字的间架结构；熟练掌握田字格和米字格练习，描红、仿影和临帖练习，正楷和行楷练习等汉字书写的练习方式。在教学中，教师要采用各种方法和手段，帮助学生形成规范的书写技能。例如，有的教师在指导学生学写"十""木""禾"这三个字时，抓住了这三个字的字形关联性，采用讲解、书空和范写等方式。首先，让学生掌握"横""竖""撇""捺"这四种笔画的起笔、运笔和收笔的书写技巧。然后，让学生牢记"先横后竖，先撇后捺"的笔顺规则，并梳理笔顺。最后，在田字格中，指导学生掌握"十""木""禾"的间架结构。学生在了解了基本的写字要领之后，开始规范练习整字书写。整个教学以学生的书写训练为主，在训练过程中，辅以写字要领的知识指导和行为示范。写字训练循序渐进，写字指导扎实到位。

（三）引导学生掌握基本的写字要领

知识是形成技能的基础。教师应该结合识字教学，讲清汉字的基本知识，让学生掌握笔画技巧、笔顺技巧和间架结构技巧，了解每个字各组成部分的位置及比例关系。然后，教师要借助行为示范，让学生通过模仿学习基本的书写技巧。教师的示范具有直观性和表象性，容易在学生头脑中形成可参照的形象。有研究表明，教师正确地写字动作的演示，有助于学生书写技能的形成，特别是运笔的过程很难，用语言难以表达其中的微妙，教师采用局部特写的方法进行分解示范，学生可以清楚、直观地感受书写的过程，进而模仿学习，然后再依靠训练，形成扎实的写字基本功。

书写，是人的大脑、手臂、手腕和手指联合协调的活动。书写技能的形成，离不开自身的实践训练。可以结合识字教学，指导学生做书写练习，书写是帮助学生巩固识字、学习写字的有效手段。在教学中，教师要求学生按照生字的笔顺，唱读笔画名称，并用食指在空中模拟书写，然后读出字音，说出字义。这样既可以使生字的形、音、义紧密结合起来，又可以使学生的口、耳、眼、手协调活动，有助于其集中注意力。

（四）帮助学生养成良好的写字习惯

良好的写字习惯，是学生写好字的基本保障。习惯的形成，是一个长期坚持的过程，需要从严、从实、从点滴抓起。良好的写字习惯，除保持正确的执笔习惯和正确的写字姿势外，还包括正确的书写习惯，要有"提笔即练"的意识。这要求教师在日常的教学中，不仅要训练学生扎实的书写技能，还要时时巡视，时时提醒，及时发现和纠正，不断强化和巩固。此外，还可以制定合理、有效的监督评价机制，并让其他科任教师、家长和学生共同参与监督，齐抓共管，真正做到"提笔就是练字时"，为写好规范汉字扎根固本。

第二节　小学语文阅读教学

阅读是搜集处理信息、认识世界、发展思维、获得审美体验的重要途径。阅读对学生语文素养的形成和发展，有着十分重要的作用。阅读活动，是一个复杂的心智活动过程。阅读是以思维为核心，依靠全部的心智活动和情感意向的一种活动过程。它借助阅读文本中具有客观意义的文字符号，通过感知、思维、联想和想象等多种心理活动，将阅读主体头脑中储存的思想材料与读物之间的内容建立起联系，通过创造性的思考，获得阅读文本的意义。阅读可以丰富一个人的人生，可以涵养一个民族的精神气质，可以铸就一个国家的文化根基。随着科学文化的快速发展，人的阅读领域越来越宽广，阅读的地位越来越重要，阅读的要求越来越高。阅读教学是以培养学生阅读能力为核心目标的一种教学活动，是中小学语文教育的重要组成部分。阅读教学是构建学生语文能力的重要基础，是教会学生感知、理解、吸收和表达信息的重要途径，所以阅读教学一直是语文教育的最重要内容。

一、阅读教学的基本理念

（一）注重文本语言的品位

语文教学要引导学生探究文本的内容和作者的思想感情等，但文本的内容和作者的情感，都是借助语言来表现的。因而，在探究内容和情感的同时，必须咀嚼和推敲语言，品味语言，让学生由此获得独特的体验。

语文教学的根本任务就是引导学生学习语言，指导学生掌握语言的技巧，提高学生的语言表达能力。语言学习的重点就是感受语言、揣摩语言和品味语言。因此，以课文为载体进行语言学习的阅读教学，应该给学生充分感受语言的时间和空间，让学生在感受中去积累，在积累中去领悟，在领悟后去运用。教师必须重视引导学生在一定的语境中理解词语、品评词语和感悟语言的魅力，揣摩文章的表达顺序，领悟文章的表达方式，并引导学生透过语言文字的表层去体会语文的人文精神、理解语言文字中蕴含的人文特征等；尤其是抓住具有张力的字、词、句，深刻领悟其中的丰富内涵。这样既有助于学生对语言的理解和积累，使学生形成良好的语感，提高学生对语言的敏感度，又有助于学生的思维训练，培养良好的阅读习惯和方法。

教师必须改变把讲解课文的注意力只放在思想内容和写作意图的分析上的做法，而要把关注点更多地放在学习言语的表达形式上，将教学的重点放在对课文言语表达的咀嚼和品味上，进而探讨作者为什么这样写以及写得怎样的问题

（二）重视对文本的整体把握

在阅读教学过程中，教师面对的每篇课文都以其独特的异质成为各自独立的个体，它是完整而不可分割的。因此，课文是由知识、思维、情感和审美等各方面教育内容组成的综合体；而这各方面的教育内容，体现在每篇文章的字、词、句、段中。字、词、句、段都可以是不同层面的整体，同时又是文章的组成部分。阅读必须以整体把握文本的内容为前提，在文本的基本内容、情感和立意方面，应该先有整体的印象。在这个前提下，才谈得上让学生理清作者的思路，概括课文的要点，理解作者的思想、观点和感情。阅读教学必须尊重阅读规律，尊重文本的整体性，重视文本的结构效应，重视对文本的整体把握。阅读教学过程中教师应通过对文本不同层面的分析与理解，实现整体把握文本的目标。

在阅读教学的过程中，教师应指导学生通读全文，学生经过思索，对文章有了整体感受后，再深入分析，厘清各部分内容之间的联系；具体内容，主要包括理解文章标题、提取基本要素、概括主要内容、归纳中心思想和理清思路、线索、层次、结构等。教师应避免让学生对课文的理解仅停留在文章的部分内容和语言的把握上，缺乏对课文的整体把握和深层领悟的教学方式的做法，这样才不至让学生对文本的把握"只见树木，不见森林"。

整体把握文本，还要求学生在阅读作品时，做到"知人论世"，关注作品背后的知识。尤其是对文学作品来说，作家本人的生活思想与时代背景，有着极为密切的关系，因而只有知其人、论其世，即了解作者的生活思想和写作的时代背景，才能客观、正确地理解和把握文学作品的思想内容。对作品创作的时代背景和作者经历了解得越透彻，对作品的感悟就越深入。教师简明扼要地介绍作者创作的时代背景，对学生理解作品的思想感情将会很有帮助。

（三）关注阅读教学中的多种对话关系

现代对话理论认为，作者与读者的关系，就其本质而言，体现了人与人之间的精神联系，

阅读行为也就意味着在人与人之间确立了一种对话和交流的关系。这种对话和交流是双向、互动、互为依存条件的，阅读因此成为思维碰撞和心灵交流的动态过程。读者的阅读，尤其是阅读文学作品的过程，正是一种共同参与，以至共同创造的过程。所以读者绝对不是消极被动的，读者也是文学活动的主体。

作为阅读教学过程的学习者和施教者，教师和学生又都是文本的阅读者，这样就形成了"学生—文本—作者"之间的对话和"教师—文本—作者"之间的对话。在阅读中，教师与学生产生的主体感受是不同的。不同的学生阅读相同的文章，所得的信息也是不同的。阅读教学是一种教学行为，其具有师生双边互动的特点。教师与学生之间不是一种灌输与被灌输的关系，而是一种平等多向交流的关系。在这个过程中，教师与学生面对作品平等交流、积极探讨，心灵的交流和智慧的碰撞可能迸发出灵感的火花。此外，文本编入教材，有编者的意图。在教师和学生阅读教材中的文本时，要理解感受编者的思想和意图，实际上也就形成了"教师—文本—编者"的对话关系和"学生—文本—编者"的对话关系。

阅读教学过程的多重对话关系，要求在语文阅读教学过程中，强调教师和学生的自主性和独立性。重视学生在阅读过程中的自行发现和自行构建，鼓励学生对阅读内容作出有个性的反应，重视师生之间和生生之间的沟通交流。

阅读教学过程的多重对话关系，要求师生角色和教师作用的定位要准确。教师是课堂阅读活动的组织者、学生阅读的促进者，也是阅读中的对话者。一般来说，教师作为文本和学生的中介，他的思想深度、文化水准、人生经验和审美水平都要高于学生，他可以起到向导的作用，但绝对不能取代学生在阅读中的主体地位。过去流行一种"谈话法"教学，是先由教师预设好结论，然后千方百计地引导学生猜测。这其实仍是一方强行灌输、一方消极接受的方法，这种方法与阅读作为一种对话的本质是背道而驰的。此外，课堂阅读教学在一个集体中实施，与完全个人化的阅读毕竟不同，这里还有学生与学生之间的对话，因此营造良好的课堂氛围也十分重要。在一个刻板、呆滞的课堂氛围中，富有活力和创意的对话是难以实现的，轻松、活跃、和谐的环境气氛，当然有利于激活学生的思维和丰富想象力。

（四）尊重学生的阅读主体性

阅读是学生的个性化行为，不应以教师的分析来代替学生的阅读实践。应让学生在主动积极的思维和情感活动中，加深理解和体验，有所感悟和思考，受到情感熏陶，获得思想启迪，享受审美乐趣。要珍视学生的独特的感受、体验和理解。教师应加强对学生阅读的指导和点拨，但不应以模式化教学代替学生的体验和思考，要善于通过合作学习解决阅读中的问题，但也要防止用集体讨论来代替个人阅读。

在语文课程中，具有大量具体形象、带有个人情感和主观色彩的内容。教师要重视学生的独特感受和体验，关注学生的学习经历和学习体验；要以学生作为学习和发展的主体，充分发挥学生的自主性、主动性和创造性，鼓励学生对阅读内容作出有个性的反应，如对文本中自己特别喜爱的部分作出反应，确认自己认为特别重要的问题，作出富有想象力的反应，甚至是突发奇想，将自己的阅读感受与作者的意图进行比较，为文本的内容和表达另做设计等。尤其在文学作品阅读教学中，不要刻意追求标准答案。在阅读中，学生并不是消极地接受和索取，而是积极主动地发现、建构，甚至创造。从这层意思说，语文课本首先不是教本，而是读本。

要逐步培养学生探究性阅读和创造性阅读的能力，提倡多角度的、有创意的阅读，利用阅读期待、阅读反思和批判等环节，拓展思维空间，提高阅读质量。阅读期待，是指接受者在对文学作品体验之前，就已经存在的心理期待结构，是由读者已有的阅读经验构成的主观知识经验系统。期待视野下的阅读，不是阅读者机械地接纳文本，而是读者对文本意义的空白，运用自己的联想、想象和创造，去丰富补充。因此，作品的意义并非文本产生于作家手中就凝固了的，而是由读者逐步发掘出来的。在阅读教学中，关注学生的阅读期待，首先要关注学生的生活经历和体验；其次要关注学生的阅读审美经验；此外，还要关注学生的个性特征和认知水平。总之，在阅读教学中，教师要激活学生与文本相关的生活经验。根据学生阅读经验和审美经验，呈现阅读内容，安排教学过程。

（五）注意随文讲解语文基础知识

《九年义务教育全日制小学语文教学大纲（试用修订版）》《九年义务教育全日制初级中学语文教学大纲（试用修订版）》和《全日制义务教育语文课程标准（实验稿）》都在淡化语文知识和语文基本训练，强调要摆脱对语法修辞等概念定义的死板记忆，并明确提出"不宜刻意追求语文知识的系统和完整""语法修辞和文体常识不列入考试范围"。这并不是完全否定语文知识的重要性，正如夸美纽斯所说"因为规则可以帮助并强化从实践得来的东西"。对此，教师有必要明确语文知识教学的地位，以避免教学中的偏差。

语文知识教学是语文课程性质的体现，是语文教学不可缺少的内容。教学实践证明，在学生学习语文的实践中，给予必要的语文知识，尤其是那些关键的知识作为理论指导，就能使他们掌握规律，获得要领，融会贯通，举一反三，为学生的语文能力的可持续发展打下基础。在阅读教学中，引导学生随文学习必要的语文基础知识，既能帮助学生理解课文，又能提高语文知识传授的有效性。但语文知识教学服务于语文能力和语文素养的培养和提高，处于从属地位。

语文知识是一个集合概念，它的范围很广泛，内容很丰富，包括文艺理论知识、文学史知识、语法学知识、修辞学知识、训诂学知识、文章学知识、语言学知识、写作学知识、文化史知识等。语文知识教学的内容与语文知识的内容既有联系又有区别。语文知识教学的内容专指学生在校学习语文的过程中，必须把握的、基础性的语文知识。概括来说，基础阶段的语文知识教学的基本内容主要包括汉字知识、汉语拼音、语法修辞知识、文体知识、文学常识、实用文章的基本表达方式、听说读写的基本知识、常用语文工具书的使用等。这是语文学科中最基本的部分，也是一个现代公民所必须具备的最基本的语文知识。

语文知识的教学主要应结合听、说、读、写进行，做到精要、好懂、有用。精要、好懂、有用，一直是语文知识教学要求。精要，是对教学内容方面的要求，指在确定每类语文知识时，要精选既能体现该类知识内在规律，又能切合学生实际需要的基本知识，并通过精选的课文将其表现在其中。好懂，是教学方法方面的要求，指语言表述要通俗易懂，深入浅出，还要努力联系实际，做到直观有趣。有用，是教学目标方面的要求，不仅能用语文知识去解释语文现象，更重要的是能直接用于语文实践，有助于提高学生的语文素养。

过去的语文教学，在教学内容的安排和教学方法上，确有偏重知识传授而忽视能力培养的偏差，尤其是烦琐的知识学习和训练，使学生感到枯燥。但当今　强调提高能力，强调素质教育，就忽视知识的传授，甚至不敢提语文知识的系统性，就有可能导致另一种偏差。因此，有人认为当务之急是应该认真思考如何构架语文知识体系，如何使知识向能力转化。当前的语文课程的知识基础比较陈旧、贫乏和存在空缺。从现代心理学的广义知识角度来审视语文课程的知识基础不难发现，语文教学并不缺乏陈述性的知识，而缺乏程序性和策略性的知识。这种状态，不利于学生语文智力和能力的形成，也不利于培养他们的语文动机、态度和价值观。在语文课程的建设中，应开阔语言研究的新视野，以促进陈述性知识向程序性知识的转化，应开阔方法论和策略方面的知识，让学生真正学会学习。

二、不同文体的阅读教学策略

（一）记叙文教学

记叙文是以记人叙事为主要内容，以叙述和描写为主要手法，兼用抒情、议论等表达方式，通过对具体、真实的人和事的叙述来反映生活，表达思想感情的一种文体。根据记叙文的特点，记叙文教学应着眼于对记叙文知识的随文讲解和记叙能力的训练，提高学生阅读和写作记叙文的能力。在教学过程中，渗透对学生的思想道德教育、情感教育和审美教育。记叙文教学的要点，包括以下五方面的内容：

1.把握记叙文的要素

记叙文以写人和记事为主要内容，以记叙和描写为主要表达方式，它的构成因素是时间、地点、事件（起因、经过、结果）和人物。在教学时，首先应该指导学生把握记叙文的基本要素。通过把握这些基本要素，先从总体把握事件的全貌。在记叙文的构成要素中，人和事是最基本的因素。就其关系来讲，时间和地点是人物和事件存在的形式，原因和结果是人物和事件发展的必然。因此，要理解记叙的思想内容，发现包含在事件中和人物身上的思想感情，就应当指导学生着重理解人和事件，理解作者对这些人和事的态度与情感。

在记叙文中，人物和事件往往是很难分开的。人物，都是在某个事件中的人物；事件，必然和某个或某些具体的人物联系在一起，是人物经历的事件。事件是人物活动的轨迹，通过具体事件来反映人物的性格和精神，是记叙文写作的基本方法；从分析事件中认识人物，则是记叙文教学中研究人物形象的基本途径。在比较复杂的事件中，往往要涉及许多人和事，要注意指导学生抓住有代表性的人和事进行认识。

研究记叙文的事件，不能对文章所写的事件及其各个阶段不加区别地对待，要抓住重点，特别是对具有典型意义的片段，要进行深入细致的分析思考。透过现象看本质，揭示出其深层的含义，以便概括出文章的主题对人物的认识，还应该研究记叙文表现人物的方法。对人物进行直接描写，是记叙文写人的主要手段，而通过环境描写等方式从侧面烘托人物的形象，也是记叙文表现人物的重要方法。从分析记叙文对人物的直接或间接描写中，认识记叙文的人物，是记叙文教学中研究人物形象的又一主要途径。

2.弄清记叙文中材料的选择

在记叙文中，作者根据文章表达中心的需要，对占有的材料进行严格的筛选，对记叙的内容进行精心的安排，使其详略得当，点面结合，主次分明。在教学中，要分析材料和主题的关系，帮助学生领会作者围绕中心选择和组织材料的匠心，使学生懂得如何选择感情的聚焦点来反映生活，表达感情。

3.分析记叙文的结构

对记叙文结构的分析，主要体现在研究全文各个段落之间的联系及其对表达主题的作用上。探究记叙文的结构，要从把握记叙的线索以及理解文章的开头、结尾、过渡和照应的作用两个方面入手。因为，如果抓住了统领全文的线索，文章材料之间的关系就明朗了，文章的层次也就清楚了；只有理解了文章的开头、结尾、过渡和照应，才能够把握文章的内部联系，更好地理解文章内容。有些文章的段落或内容之间的照应关系，是用较为含蓄的句子或词语来表达的；对于这样的句子或词语，在教学时，应引导学生用心揣摩、细心体味，这样才能加深对文章的理解和感受。

4.分析记叙文的表达方式

记叙文的主要表达方式是叙述和描写，为了表达的需要，议论和抒情也是经常用到的表达方式。记叙文中的叙述和描写，往往是相辅相成的。记叙用以交代生活事件，描写用以形象生动地再现生活画面。记叙文中的议论和抒情，一般在记叙文中所占篇幅不大，却是记叙描写的重要辅助手段。一是能够突出事件的本质意义和人物性格的典型意义，渲染和深化文章主题，增强文章的艺术感染力。二是能够将发生在不同时间和空间，不同人物身上的事件联系起来，反映共同的主题。在教学时，要引导学生结合具体语境，明确综合运用多种表达方式的具体表达作用，引导学生体会在叙述描写中渗透的作者的感情，使学生在情景交融的内容的学习中受到熏陶感染，提升人生境界。

5.学习记叙文的语言

记叙文多从现实生活中选取材料，较之文学作品，更多的是真人真事。因而，记叙文的语言以朴素无华为主要特征，同时又具有丰富多彩的特点，讲究准确、鲜明、生动和形象。在教学时，教师引导学生品味作者在遣词造句上的特色，揣摩语言的丰富内涵，对丰富学生的语言积累、培养语感、深刻理解文章的思想内容，都有重要作用。学习记叙文的语言，尤其是要抓住关键字和词句，引导学生深入领悟。因为，这些语句对于理解事件的本质和人物形象，往往能起到比较关键的作用。

（二）说明文教学

说明文是以解说事物、阐明事理为基本内容，以说明为主要表达方式的一种文体，它以向人们介绍知识为目的。与其他文体相比，知识性和客观性是其最显著的特点，作者的主观成分和感情因素的渗透相对较少。说明文教学要使学生了解其内容表述和结构等，培养学生热爱科学，勇于探索的精神。说明文教学的要点，包括以下四方面的内容：

1.明确说明对象的特征

说明文说明事物或阐明事理，最重要的是抓住说明对象的特征，并将它用恰当的方式和方法表述出来。只有准确、清楚地显示出对象的本质特征，才能使读者了解对象，印象深刻。引导学生明确说明文说明对象的特征，也就成了说明文教学中必不可少的环节。在此基础上，一方面，指导学生通过明确事物的特征来把握说明文的主要内容；另一方面，让学生懂得自己在观察事物或表现事物时，应该善于抓住事物的特征。

2.弄清说明的顺序

说明文要将事物或事理说明清楚，首先考虑如何安排合理的说明顺序。说明的顺序，是根据事物的内部规律以及人们认识事物的过程来安排的。教学要指导学生了解说明顺序，有助于学生理清文章脉络和对被说明对象的理解把握，对学生的思维训练也是很有益的。

说明的顺序主要有三种：一是时间顺序，记叙性的说明文，往往采用这种说明顺序；二是空间顺序，介绍建筑物等各种具体物品的说明文，大多依照这种顺序；三是逻辑顺序，阐释性的说明文，基本上就采用这种说明顺序。需要指出的是，由于说明对象的复杂性，一篇说明文用一种说明顺序，往往难以将它的特征说明清楚，所以大多数说明文都用了不止一种说明顺序。在教学时，既要指导学生弄清课文的总体说明顺序，又要抓住比较突出的局部说明顺序，使学生真正把握文章的结构，正确认识说明的事物。

3.分析说明的方法

说明文为了揭示对象的特征，或者把事理阐述清楚，达到说明的目的，要采取具体的说明方法。对说明方法的学习，是说明文教学的重要内容。

说明文说明事物的方法有很多，常见的说明方法有举例子、分类别、列数字、做比较、下定义、打比方、列图表、做诠释等。在说明同一事物时，作者往往会使用多种说明方法。在教学中,一方面,教师应引导学生充分认识作者使用的说明方法的合理性,把握事物的特征,学会准确说明事物;另一方面,要区分主次,抓住最突出、最能体现课文特点的要点,进行具体、深入的分析,使学生真正掌握,不能面面俱到地平均对待。还需要特别注意的是,方法是为内容服务的。在引导学生分析、理解说明方法时,教师一定要注意将方法与内容联系起来分析,即在紧扣被说明事物的特征理清课文层次内容的基础上,分析说明的方法。这样有助于学生理解和记忆,也容易模仿。离开课文的层次内容,空讲说明方法,听起来枯燥无味,也不利于说明文的读写训练。

4.体会说明文的语言特色

说明文的写作目的是让人了解事物,明白事理,增长知识,因此说明文的语言必须准确,才能保证严谨的科学性。说明文介绍说明的对象,常常有很强的专业性。要使一般的读者接受,说明文使用的语言必须通俗易懂。准确、通俗,是说明文的语言最基本的特点。在教学说明文时,要启发学生体会文章的语言特点,学会准确使用词语。同时,还应使学生明白,说明文在准确、通俗的前提下,为了增加文章的可读性和趣味性,也由于说明对象和作者语言风格的不同,说明的语言可呈多样性,不必拘于一格。

(三)议论文教学

议论文是以论辩说理为基本内容,以议论为主要表达方式的一种实用文体。它通过论证材料,借助一定的论证方法,展开论证,并运用概念、判断和推理的逻辑形式,来表达作者的思想观点和主张。论点、论据和论证是议论文的三要素。议论文的教学目的和内容在于着重关注议论文思想的深刻性、观点的科学性、逻辑的严密性和语言的准确性;引导学生区别观点与材料,把握观点与材料之间的联系,使学生学习并运用有关的议论文文体的读写知识和方法,培养和发展学生议论说理的能力和逻辑思维能力。议论文教学的要点,包括以下四方面的内容:

1.抓住中心论点

论点是作者对所论述的问题所持的见解和主张。文章的各部分,都围绕着文章的中心论点组织论据,进行论证。因此,它是议论文的灵魂。抓住中心论点,是理解一篇文章的关键。议论文教学,首先要引导学生找出文章的中心论点。有的文章题目本身就是中心论点,有的文章一开头就点明论点,有的文章末尾归纳出论点,还有的文章隐含在全文的论述之中。了解了议论文提出论点的这些规律，教学中就可以指导学生去分析、寻找或归纳。在明确文章观点主张的基础上，引导学生通过自己的思考，深入领会文章思想的深刻性和观点的科学性，并鼓励学生联系生活实际进行判断。有的议论文围绕中心论点提出几个分论点，用分论点来补充、扩展或证明中心论点。在教学时，教师应引导学生找出文章中的论点，再研究他们之间的逻辑关系，分清主从，把握中心论点。

2.明确论据

论据是用来证明论点的理由和根据，分为事实论据和理论论据两种类型。论据充分、可靠，它所支撑的论点才令人信服。因此，要准确把握论点，必须分析研究论据。分析研究论据的主要工作包括：明确论据自身的意义；分清论据的种类，"摆事实，讲道理"；理解论据与论点之间的关系，即证明与被证明的关系。

3.分析论证的过程和方法

议论文的论证过程，就是以论据证明论点的过程。简单地说，就是"摆事实、讲道理"。议论文只有经过论证，才能使论点和论据之间建立逻辑联系，才能使文章言之成理，也才能使读者接受作者所阐述的观点和主张。议论文教学，应教会学生辨析论点和论据的关系，从而认识文章论证的逻辑过程，加深对文章的理解。同时，也是对学生进行思维训练的途径和方式。从教学实际看，了解议论文的论证过程，常常是教学的难点，因为论证是材料和观点的相统一的过程，是运用论据证明论点的逻辑推理过程，也是作者写作技巧的运用所在。它不像论点、论据那么具体，比较抽象、复杂。要解决这个教学难点，教师应深入钻研教材，采取多种方式进行诱导和启发，以帮助学生很好地理解和掌握。

议论文的论证方法就是用论据证明论点的方法。论证方法多种多样，常见的有举例论证、比喻论证、对比论证、类比论证、引申论证、因果论证等。在议论文中，论证方法不像论点和论据那样表现在字面上，而是隐含在论证过程中，相对来说比较抽象。在教学时，要结合课文的具体内容来明确论证法，使学生易懂好记并掌握一些常用的论证方法，不能对学生进行抽象的概念灌输。还应注意的是，一篇议论文，为了充分透彻地论证观点，往往会使用多种论证方法。在教学时，应根据课文特点和学生实际，指导学生重点掌握几种主要的论证方法，切忌面面俱到。

4.学习论证的结构和语言

在把握议论文三要素的同时，还要注意文章是如何将这些要素组合起来的，用怎样的语言表达观点和材料展开论证的。议论文的结构最基本的是由三部分组成，即引论、本论和结论。这三部分从形式上表现为开头、正文和结尾；从论述的角度看，就是提出问题、分析问题和解决问题。议论文的结构类型可以分为两大类：纵式和横式。纵式，即逐层深入的论述结构；横式，即并列展开的论述结构。由这两类结构派生出一些结构形式，如横式的有"总—分—总"式、"总—分"式和"分—总"式，纵式的有"层层深入"式。分析议论文的结构，首先要弄明白各段落层次间的内在联系。各层次的联系是多种多样的，如并列式、递进式和对比式等。还要注意文章中起过渡作用的段落和词语，可以借此分析文章的结构关系。需要明确的是，在教学中对指导学生学习议论文的结构，重点应该是分析本论的层次结构。

和其他文体相比，由于议论文不需要对事物进行直观说明和形象的描绘，因此议论文的语言具有简明、准确、概括性强、逻辑性强等特点。尤其是经常使用关联词语，运用各种复句来进行严密的逻辑推理，以此表达作者准确的概念、明朗的态度和鲜明的观点，达到以理服人的效果。议论文的语言的特点需要在教学中联系课文实际，有重点地进行分析，帮助学生认真体会和揣摩，以提高学生对议论文语言的感受能力和运用能力。

由于论述和说理的需要，议论文有时还要用说明、记叙、描写和抒情的表达方式。因此，议论文教学除引导学生学习论证说理外，还应该引导学生注意其他表达方式的运用。一方面，要学生了解它们和其他文体使用时的区别；另一方面，要体会它们在议论文中的表达作用及其对议论文论辩特色的影响。

（四）应用文教学

应用文是应用在人们的学习、工作和日常生活中，用来解决实际问题的有固定惯用格式的一类文体。应用文的显著特点是文字简明，款式固定。对于阅读者来说，应用文是一看就懂。从小学的培养目标来看，应用文教学的重点在于使学生了解常见的写作格式和要求，训练学生应用文的写作能力。应用文教学的要点包括以下三方面的内容：

1.掌握常用应用文的格式

应用文的格式，在人们的长期使用中固定了下来，一般不能改变。如果不按照已形成的惯用格式去写，就会影响其实用功能的发挥，甚至使读者产生误解。应用文种类繁多，对于常用应用文的教学，应主要借助文本示例来了解其功能和基本格式。应以学生的语文实践为主，使学生熟练地掌握几种应用文的基本格式，以使其在读写应用文时，能准确地抓住内容，实现应用文的价值。

2.掌握应用文的语言要求

平实、简明、得体，是对应用文写作语言的要求。应用文是用来联系工作、反映情况、解决问题的，人们阅读应用文一般不包含欣赏的因素，写应用文时只要求能准确、通顺地把要说的意思写清楚。因此，应用文文字以简洁明了、让对方看懂为原则。应用文一般都有特定的发出者和接受者，这两者之间往往形成特定的关系。这就要求语言的运用要和它所要达到的目的、所应用的场合相适应，还要适合读者的接受心理，这些决定了应用文的语言非常讲究得体。在应用文教学中，一定要通过例文的学习和写作训练，使学生掌握应用文的语言要求，尤其应将如何得体表达作为教学的重点。

3.学会从应用文中收集和整理信息

真实性，是应用文写作的原则。有些应用文的产生是以掌握真实材料为前提的，如计划、总结、调查报告、新闻报道、合同、诉状等。在教学时，可以引导学生从不同的角度，结合自己的需要，提炼不同的信息。教师可以借助例文，教给学生收集材料，并对材料进行分析、归纳和分类，使其条理化的方法，这对学生是终身受用的。

（五）诗歌教学

诗歌是用凝练、形象、富有节奏感和音乐美的语言，创造意境，高度集中地反映生活，抒发作者强烈的思想感情的一种文学样式。诗歌教学，要使学生了解诗歌的一般特点，学习诗歌的基础知识，学习阅读鉴赏诗歌的基本方法，提高阅读和欣赏诗歌的能力，提高文学修养；发展学生的联想和想象等形象思维能力，陶冶学生的情操，培养学生健康高尚的审美情趣。诗歌教学的要点，包括以下四个方面的内容：

1.领会意境，体会感情

一般认为，意境就是诗人要表达的思想感情与诗中描绘的生活图景，有机融合形成的一种耐人寻味的艺术境界。分析诗歌的意境，要引导学生通过诗人描绘的生活图景，发挥学生的联想和想象，去丰富和补充诗歌的画面，以感受诗人的感情，从而把握诗歌的感情和艺术特色，认识诗歌的审美价值。

领会诗歌的意境有以下三步：一是理解揣摩语言，进入意境。由于诗歌的语言高度凝练，语言间还常存在间断跳跃、变换词序、减少成分、压缩省略等特点，这给阅读理解带来困难，因此需要细致地揣摩诗歌的语言，准确理解词句的含义及其相互间的关系，了解有关的历史事实或典故。因此把省略和减少的内容丰富起来，把跳跃的感情连缀起来，进入诗歌意境，这是领会意境的基础和前提。二是启发联想和想象，再现意境。诗歌中诗人的思想、感情及其所描绘和塑造的形象，往往高度统一。在揣摩语言的基础上，启发学生展开联想和想象的翅膀，唤起学生的形象思维，使诗歌中的画面在学生心中呈现出一幅幅情景交融的画面，感受其中"言外之意""画外之象"，从而理解诗中广阔丰富的生活内容所包含的深刻思想意义，并从中受到感染和熏陶。领会诗歌的意境，既是诗歌教学的重点，也是诗歌教学的难点。三是寻觅意象。意象就是诗歌中饱含诗人的感情，带有诗人主观色彩的物象。中国的诗歌，自古以来就非常注重意象在诗中的应用。引领学生寻觅诗歌意象、体会诗歌意境，是诗歌教学的又一关键。从某种意义上讲，抓住一首诗的意象，就等于获得了解读该诗的一把钥匙。在品读诗歌的语言时，要能够理解诗歌意象的含义。

2.品味语言，分析形象

诗歌以精练、含蓄、富有节奏感和音乐美的语言，表现鲜明的形象和深远的意境。诗歌教学要通过品味语言，启发想象，展开画面，分析形象，揣摩意境。一是反复诵读，加深领悟。诗歌教学，自始至终要突出朗读教学。在朗读中，让学生感受欣赏诗歌的鲜明的节奏和音乐韵律；在朗读中，把握形象，进入意境。二是抓住"诗眼"和关键词语，推敲品味。好的诗往往"因一字而尽传精神""着一字而境界全出"。诗歌教学要在这"一字"上进行点拨，启发学生认真思考和体味用词的精妙，并展开诗歌的意境，使学生进入诗歌表达的感情艺术境界中去，和诗人的感情产生共鸣，使诗中的意象具体化、形象化。值得注意的是，教师在引导学生抓关键、抓诗眼的过程中，不能将对诗歌的字、词、句的理解与诗歌整体割裂开来，应引导学生从诗歌整体出发，在具体的语境中理解字、词、句。

3.分析艺术构思和表现手法

诗歌的构思讲究精、巧、新，往往采用借景抒怀、托物言志等多种表现手法，通过典型景物，具体鲜明的形象，抒发感情，表现主题。在教学中，教师要引导学生分析诗人是如何描写人、事、物、景的，寄予了怎样的感情，从而领会诗人要表达的主题。诗歌创作运用了形象思维，为了达到形象鲜明、新颖、独特的表达效果。诗歌常用比兴、夸张、拟人、对偶、反复、对比等修辞手法和烘托、象征等表现手法，来增强艺术感染力。在教学中，教师应该根据诗歌的具体写作特色，引导学生注意它们的表达作用，使其能更深入地理解诗歌的内涵。

4.引导联读和仿写

联读是为了从教学的深度和广度出发，找到具有相同主题、相同题材的诗作，进行比较阅读。通过比较阅读，更好地理解诗歌的思想情感。联读是诗歌重要的方法，其目的主要在于扩展，在于拓宽学生的学习视野，在于给课文的阅读教学增加容量。仿写，是培养学生语文实践能力的一个重要手段。仿写既能让学生充分感悟诗歌的语言奥妙，同时也能提高学生遣词造句的能力，提升学生的理解、联想、想象和思维能力。仿写可以仿写诗句，也可以仿写段落，可以将诗歌创作与诗歌朗诵结合起来。

"少年情怀总是诗"，虽然考试作文明确体裁诗歌除外，但教师仍可以适当地引导处于青春阶段的学生学一学写诗，让学生捕捉智慧的灵光。也许他们写出来的诗歌比较稚嫩，但精神却是难能可贵的，以写作促进提升阅读鉴赏。诗歌写作对于提高学生的语感和美感，具有巨大的作用。

（六）文言文教学

由于文言文教学的特殊性，所以教学中除了运用语文教学中常用的一些方法外，文言文教学要充分运用诵读法、比较法、归类法和串讲法等。

1.诵读法

诵读法，即熟读和背诵的方法，它是文言文教学中最常用的方法。诵读法让学生对文质兼美的古代诗文熟读成诵，学生在读的过程中，去感知、理解和品味。这样不仅可以在头脑里储存些文言信息，丰富学生对古汉语的感性认识，增加词汇和句式的积累，使其内化成自己的语言，形成良好的语感，而且在取得丰富的感性认知的基础上，可以促使学生理解词句的含义，掌握文言文遣词造句的规律，从而有效提高文言文的阅读能力。事实表明，文言文教学仅靠教师讲解是不能让学生完全领会古文的神韵、精髓和风格的，必须通过学生自己反复诵读，才能心领神会，并应用自如。诵读，一定要读出文章或作品中固有的语气、语调和节奏，表达出文章或作品的情绪、气氛和感情；要把诵读的过程变成对文章或作品深入理解的过程，要把读与其他基础训练紧密结合起来。

2.比较法

在课堂教学中，为了使学生更好地掌握一些文言实词和虚词，掌握一些文言常用的特殊句式，了解古代历史和文化知识，消除文言文阅读的语言障碍和时代障碍，教师要经常引导学生采用联系比较的方法。比较法主要有两种：一是古今比较。学习古汉语的字、词、句，引导学生进行古今对照，找出古今语言的联系与区别，从而认识古汉语的特殊规律。这样有利于理解和记忆，且能印象深刻。比较的内容和方法是多种多样的。二是前后联系。把前面学过的知识与后面学的知识联系起来，一方面使学生能够巩固记忆；另一方面使学生能够温故知新，举一反三，扩大积累，提高阅读理解文言作品的能力。随时进行比较，不仅能促使学生理解新知识，而且能扩充知识。

3.归类法

在文言文教学过程中，教师应及时引导学生做好各种文言知识的归纳整理工作，促使学生文言知识条理化和系统化，并由此产生领悟和联想，内化和迁移，触类旁通，提高学生的自学、自读能力。文言文教学的内容可以归纳为以下五个方面。一是虚词用法归纳。在文言文中，虚词虽然数量少，但使用频率高，用法灵活；往往一个字有好几种用法，好几种解释，甚至分属好几类词。因此，文言文教学要认真抓好虚词教学。教师应当计划好一篇课文、一个学期学生重点学习哪些虚词，对重点学习的虚词注重引导归纳总结。这样使学生既学得扎实，又学得轻松。二是近义实词对照。教师应注意收集一些近义文言实词，区别其细微的差别，有利于对词语的掌握和对文章的理解。三是一词多义的归纳。教师应经常有意识地进行一词多义的归纳，有助于顺利扫除文言词汇教学中的障碍。四是不同句型的归纳。就是把文言文中常见的判断句、省略句、倒装句和被动句等不同句式条列出来，便于比较、理解和掌握。五是通假字、古今字汇编。教师可以以单元、学期为单位，逐步积累，把课文中出现的通假字和古今字汇编起来，列成一览表，使学生加深记忆，并从中受到启发，举一反三。在教学中，比较法和归纳法，常常是同时并用的。

4.串讲法

串讲法是我国语文教学的传统方法，一般分为三步进行，即"读—讲—串"。读，要求学生结合注释，粗读课文，在此基础上，朗读全文或要串讲的语段。讲，对串讲的语段，尤其是对学生不理解或不甚理解的词语的含义和用法的字、词，逐个进行讲解。串，就是把整个语段的意思贯通起来，翻译整个语段，指出与上下文的关系及在篇中的作用。这种教法的优点在于疏通字句，字、词、句的落实能帮助学生理解文意。但其缺点在于把学生置于被动地位，不利于学生学习积极性和主动性的发挥。为保持优势，克服不足，可将其与传统的串讲同讨论、提问等方法结合起来，充分调动学生的学习积极性和主动性。

（七）童话和寓言教学

当下的小学语文教材里入选了不少童话和寓言。

1.童话

童话是一种小说体裁的通俗文学作品，主要面向儿童，是具有浓厚幻想色彩的虚构故事作品。童话通过丰富的想象、幻想、夸张和象征的手段来塑造形象，反映生活。其语言通俗生动，故事情节往往离奇曲折，引人入胜。童话又往往采用拟人的方法，凡兽鸟虫鱼，花草树木，整个大自然以及家具、玩具，都可赋予生命，注入思想情感，使它们人格化。

童话教学，必须体现童话的教育性、趣味性、幻想性和科学性。一是显示形象，感受童话的美和趣味。在教学中，可以采用图画、剪贴画、音乐、朗读和表演等直观的手段再现童话形象，还可以用富有情感色彩的形象化的语言描绘童话形象，启发学生想象童话的角色、想象童话角色的语言，充分感受童话角色的可爱。二是通过语言训练，使学生感悟童话形象。童话教学要引导学生辨别童话角色的是非，理解童话蕴含的理念。要做到这一点，不是靠注入和说教，而是要抓住童话形象，通过评判童话角色来进行。在教学中，可以让学生进入角色，通过读童话、演童话的方式，来强化教学效果。三是培养学生判断能力和创造能力。例如，引导学生创造、改动原文，复述童话。这能有效地提高学生的语言能力、创造能力和初步的分析判断能力。

2.寓言

寓言是以假托的故事或拟人的手法说明某个道理或进行劝谕、讽刺的文学作品，常带有劝诫和教育的性质。寓言的特点是篇幅大多简短，语言简洁锋利；主人公可为人，也可为拟人化的生物或非生物；主题多是借此喻彼，借远喻近，借古喻今，深奥的道理从简单的故事中体现出来，具有鲜明的哲理性和讽刺性；常运用夸张和拟人等表现手法。

针对寓言的特点，理解寓意是寓言教学的首要任务。具体方法主要有两点：一是可以采用直观的手段与教师语言描绘相结合的方法，创设情境，让学生在情境中，感受寓言角色的形象，体验角色的荒诞可笑，再引导学生依据具体深切的感受进行分析推理，最终理解寓言所抽象概括的寓意。二是紧扣展示寓体形象的关键词语，领悟寓意。在凭借寓体形象进入推理的过程中，应紧扣寓言中的传神之笔，引导儿童推敲词语，体会语感，从而领悟寓意。

第三节　小学语文写作教学

一、写作与写作教学的性质

（一）写作的概念

从根本上说，写作是一种个体化的活动。生命个体面对宇宙、人生和短暂生命，会主动去体验、思考和感悟，写作正是这种心灵历险的写照。作为生命个体，人们总是想弄清楚生命究竟是什么，对宇宙、社会和人生充满向往和憧憬以及好奇、迷茫、激情和恐惧等。写作过程是一个活生生的个体，在写自己对生命的感悟和对人生、社会的思考，真切地表达内心所想。在这个过程中，作者也希望别人来分享其所思所想，从而听取别人意见，以这种方式进行着生命与情感的交流。所以写作的第一生命力，就是写真情实感，否则就失去了写作本源上的意义。

要进一步明确写作的性质，还可以从个体写作的心理过程去进一步思考。从这个角度说，写作实质上是一个双重转化的过程。第一重转化是从"物"到"意"的转化。"物"就是社会现实生活，"意"就是作者的写作意识，这种转化就是作者的生活到作者的写作意识的转化。小学生写作也是同样的，他们也是在观察体验生活中不断思考，在自觉或不自觉中进行积累，这从写作层面上说是素材的积累。

当这些积累以意识的形式积淀下来时，就完成了这一重转化。当然，在写作过程中，这些素材并不直接搬进文中，而是要经过思考和加工提炼的过程。第二重转化是"意"到"文"的转化。经过第一重转化，作者已经有了大量的以社会现实生活为原型的心理积淀。当作者有了写作意图之后，心理积淀在这个阶段转化为写作材料，作者进一步筛选处理这些写作材料，进行谋局布篇，然后将写作意图转化为书面文字，使之成文。这是将作者的观念情感外化的过程。

写作过程，从信息论的角度看，实际上是一个信息转化的过程。素材的积累，是一个信息输入的过程，输入的信息在大脑中不断地存贮，然后经过大脑的加工处理，进行编码，最后以文字的形式输出。这整个过程完全符合信息论中信息的转化过程，即从信息输入、存贮、加工和编码到输出的一个完整的过程。所以，不论从本源上，还是从写作心理上，或是从写作过程的信息输出上，写作都是作者真情实感的写照。

（二）写作教学的含义

从教师教的角度来说，小学的写作教学是培养学生写作兴趣，养成良好写作习惯，形成写作素养的过程；从学生的学的角度来说，写作是学习运用语言文字表情达意，反映社会、体验生活的活动过程。写作教学是教学生综合性地融知识与能力、学识与人格、阅历与智慧于一体的教育教学活动。具体来说，可以从以下三个方面去认识：

1. 应用性

语文是最重要的交际工具，是学习如何使用语言进行交际。写作教学也是为了培养学生书面语言交际能力，培养学生掌握学习、工作和生活中所需要的一般应用文的写作能力以及表情达意的能力。特别要注意的是，要区分小学生作文不同于文学创作，它是以实用性和应用性的特征为基础的。这一认识在我国写作教学中，是有分歧的。许多教师认为，中小学写作教学的首要目标是培养学生的文学创作素养，是文学创作的培养初期，所以在进行写作训练时，他们忽视了对学生的应用性文体的写作训练，这实际上是没有关注到小学写作教学的应用性特点。

2. 综合性

写作能力是一项综合能力，写作教学也必然带有综合性的特点。在对学生的作文训练中，会涉及多种因素的综合训练，如素材的积累、语言的运用、谋局布篇、写作思维等方面的训练，这体现了写作教学的综合性。忽视其中任何一个重要的因素，写作教学都会受到影响。

3. 实践性

心理学研究表明，技能的形成与提高必须要经过反复实践。写作教学不仅要引导学生掌握写作的理论知识，积累大量的写作素材，更要帮助学生在大量的写作实践中将知识转化为技能，形成写作能力。长期以来，我国的写作教学有一种片面的看法，认为阅读决定写作，"读得多，就能写得好"。如果从素材的积累这个层面上说，这是有一定道理的，但是如果是从写作教学整体来说，就有片面性。写作教学一定要有其实践性的一面，要通过反复地写作训练实践，才能形成写作能力。在学生的写作活动中，教师要给予学生系统、科学的指导，使学生的写作能力在诸多练习中形成并发展。

二、写作教学的理念

教师在写作教学中，要在继承传统的写作教学经验的基础上，广泛吸收当代写作教学思想，遵循写作教学的基本理念。

（一）引导学生体验生活，广泛阅读

生活的体验，是写作源源不断的动力和源泉。学生的生活越丰富，体验越深刻，写作的基础也就越扎实。教师要不断地丰富学生的生活，以此强化学生的直接情感体验。要引导学生将目光投向身边的人和事，通过细致地观察，深入地思考，以此积累写作最丰富、最原始、最有生命力的第一手素材。此外，要拓宽学生的阅读视野。直接的生活阅历毕竟是有限的，教师要让学生在阅读中，汲取养料，丰富写作素材；鼓励学生开展课外阅读，有意识地引导学生扩大阅读面，指导学生课外阅读的方法；经常性地组织学生开展各种阅读交流活动，深化学生对阅读的理解，使学生在阅读中感悟生活、体验人生。

（二）培养学生的写作兴趣和习惯

同其他一切兴趣一样，写作兴趣不是天生的，而是在后天的写作实践中不断形成和发展起来的，它是在对写作"需要"的基础上产生的。这种需要可以是学生对生活、社会理解的直接写作需要，也可以是社会的间接写作需要转化为学生的写作兴趣。

语文教师培养学生的写作兴趣，可以从以下三个方面着手：第一，丰富学生的写作知识，充实学生的写作内容，使其获得有关写作的知识经验，这是学生对写作产生兴趣的基本条件。但是这些知识经验，不是空洞的。教师要让学生觉得写作是丰富多彩的活动，使学生体验到写作带来的愉悦。第二，加强师生交流，促进情感融合。兴趣是带有情感的个性意识倾向性，激发写作兴趣还得借助情感的作用。语文教师要善于营造融洽的师生关系，用充满情感的语言打动学生，增强学生对写作的情感体验。第三，运用多种有效的写作教学方法和教学手段。语文教师要善于改进写作教学的方法和手段，培养学生的写作兴趣。要根据学生的年龄特点，有针对性地运用不同的写作教学方法，使学生在写作的过程中，体验到自己写作能力的不断

提升。

良好的写作习惯，对学生的发展影响深远。英国教育家洛克说："一切教育都归纳为养成儿童良好的习惯。"习惯是经过练习养成的某种自动化的行为活动，是一种心理意识上的倾向性和惯性，是自我能动性的自觉体现。写作习惯，是小学生写作素养的重要组成部分。

学生良好的写作习惯，是在长期写作过程中逐渐形成的。写作教学要注重培养学生观察、积累、审题、构思、选材、立意、表达、书写和修改习惯等。写作教学过程的每一个环节，都是一个习惯养成的过程。写作习惯的培养，要目标明确，注意克服不良习惯，反复实践，加强督促检查。良好的写作习惯一旦养成，学生就不需要意志力和外在监督，从而形成一种心理惯性。小学生处于写作起步阶段，良好的写作习惯可以为其未来打下扎实的写作基础。良好写作习惯的养成，需要从小学到高中持之以恒，需要从课堂到课外始终如一。可以说，良好的写作习惯对写作能力的形成，具有决定性的作用。

（三）培养学生的写作思维能力

思维能力是概括和间接地认识事物本质规律的能力，是写作能力的重要显现。叶圣陶先生曾主张学生作文要"先想清楚，然后再写"。他强调写作时要先"想"，即要思考，再动笔，要注重对学生思维的训练。小学生的思维能力发展特点是非常显著的，他们的抽象思维能力会得到迅速发展，思维的品质不断提升。从小学到中学，学生思维的广阔性和深刻性、独立性和批判性、敏捷性和灵活性等思维品质会快速发展，尤其是思维的独立性和批判性发展更为显著，学生逐渐学会独立思考。

写作教学要注重对学生思维的敏捷性、广阔性、灵活性、深刻性、创造性和批判性等特征的培养。首先，加强思维方法的训练。培养良好的思维品质，使学生做到全面而不是片面地看问题，本质地而不是表面地看问题。其次，加强对学生进行语言的训练。学生的思维发展总是和语言分不开的，学生掌握大量的词汇和语言运用规则，并能准确、灵活地使用口头与书面语言表达思想感情，可以使思维活动清晰、系统和有条理性；既要发展求同思维，也要多发展求异思维，限制心理定式的消极作用，培养学生多角度思维的习惯等。最后，要注重培养学生解决实际问题的思维品质。社会实践活动，是思维发展的源泉。

三、写作教学的方法

（一）命题作文

命题作文一般是教师出题，学生写作。它是一种传统的写作训练方式，具有体现写作训练的意图和目标，使学生能有计划地严格训练。其弊端也很明显，即命题作文不易写出真情实感，不易写出具体充实的内容。例如，命题不当，容易使学生无话可说，出现闭门造车的现象，或是写出假话、空话的作文。叶圣陶先生也曾说："我谓实际作文，皆有所为而发，如作书信，草报告，写总结，乃至因事陈其所见，对敌斥其谬妄，言各有的，辞不徒作。而学生作文系练习，势不能不由教师命题。学生见题而知的，审题而立意，此其程序与实际作文异。故命题必如学生所自发，彼本无所为，示之以题，彼即觉有所为，欲罢不能，非倾吐不可；如是乃可使练习与实际一致，见题作文与自发作文无殊。而作文为社会生活中不可缺少之技能，非语文教师将加于学生之作业，学生亦可历久益明习之益加勤奋。"

因此，在进行命题作文时，教师要注意到学生的心理特征、生活实际和写作实际，注意题目的启发性和新颖性，不要因为命题抑制了学生的写作思维。此外，命题作文训练要注意写作教学的序列性。序列性包含两个方面：一是要和阅读教学相结合，做到相互促进；二是要注意写作教学自身的教学序列，做到循序渐进，科学性与系统性相结合。

（二）给材料作文

给材料作文是由教师为学生提供一定形式和内容的材料，让学生根据这些材料按要求进行作文，这实际上是一种半命题性质的作文训练，也有人将它看成是命题作文的一种变式，它有比命题作文训练更为灵活的优点。材料作文可以多角度立意，有利于培养学生的创新思维。这类作文训练按照提供材料的种类，可以分为两类，即图像材料作文和文字材料作文。

1.图像材料作文

图像材料作文是指提供图画，要求学生根据图画的内容进行描述，或评述，或展开想象；也可以是影视评述，要求根据提供的电影，撰写观后感或评论文章。图像材料作文训练，有利于培养学生的观察、分析、联想、想象以及语言表达等多种能力。图像材料作文要引导学生首先从整体上观察图像，获得对图像的全面认识，再从局部观察，进入图像细节；结合图像内外的文字说明，揭示图像要表达的主旨；要在理解图像的基础上，将图像中的现象和现实生活联系起来，展开各种联想和想象。

2.文字材料作文

文字材料作文是提供给学生一定的文字材料，同时提出一定的写作要求，让学生依据材料，按要求进行写作训练。和图像材料作文一样，这类写作训练可以训练学生思维，相对于命题作文而言，更为开放。这类作文训练的方式种类繁多，下面笔者对五种文字材料作文的训练方式进行介绍。

（1）仿写。仿写，就是模仿范文写作。它可以是内容上的模仿，如模仿文章的中心、立意等；也可以是形式上的模仿，如模仿文章的开头、结尾等。仿写有利于读写结合，要注意避免生搬硬套，防止机械模仿。教师要将进行的仿写训练与学生已有的经验进行匹配，由于学生的学习背景不同，每个学生对仿写的原型理解是不同的。写作能力强的学生，在仿写过程中总结概括能力强，可以通过仿写，总结出一套行之有效、符合个人特点的写作程序，并经巩固后进入长时记忆，形成写作素养；而程度较差、学习不主动的学生，总结概括的能力较差，只会被动地接受知识，不习惯去钻研或发现仿写中的规律，他们从仿写中形成的写作能力就较为有限。语文教师要尽可能地在学生已有的写作经验中，进行新的仿写，使每一个学生都能较好地从仿写中训练写作能力。

此外，在仿写中，教师要注意对学生创造性思维的培养。如果学生只是对现成习作进行模仿，这对于写作能力较差的学生或许是较为有效的一种建立"原型"的方法。由于"模仿"强调给学生准则，学生容易按部就班，一些写作能力较强的学生，有些内容原本是可以靠自己分析形成。但教师如果过于主动地展示模仿对象，使得学生只要模仿和接受就可以完成任务，这对培养学生想象空间和创造力是不利的。

（2）缩写。缩写就是对提供的材料进行概括和压缩，它要求既要保留文章的主要观点和内容，又不能改变文章的结构和体裁等，不能写成读后感。缩写后的文章必须能连贯、完整、准确地反映原文的内容，文章的语言可以自己组织，也可以摘录原文。缩写训练，有助于培养学生的阅读理解能力，又可以提高学生的分析概括能力。摘录、删除和概括，是缩写的基本方法。

（3）扩写。扩写和缩写相反，扩写是对原材料进行扩展，可以是对故事情节的扩充，也可以将一个论述提纲扩展为一篇具体完整的议论文。扩写一般不改变原材料的思想内容和结构，不改变原材料的人称、体裁以及语言风格，不可以任意发挥，牵强附会。扩写首先要读懂原文，抓住文章的中心重点，展开合理的想象，使扩写的内容自然、流畅，使原文比较简单的内容变得生动、形象。扩写训练，有利于开阔学生的思路，培养学生联想和想象的能力，发挥学生的创造力。

（4）续写。续写是为提供的材料写续文，一般用于记叙文的写作训练。续写和扩写与缩写一样，首先要钻研原文，将原文读懂、读透。要根据原文的基本内容和情节，依照其已有的行文线索和思路，对原文进行续写。要紧扣原文的中心，甚至使原文的主题进一步深化。语言风格要保持和原文的一致性，过渡衔接要自然，所补充新的内容和情节，要延伸原文的意义。续写可以激发学生的写作兴趣，培养学生的想象力和创造力。

（5）读后感。读后感在小学生作文训练中，是较为常用的一种方式。学生阅读提供的材料，对材料进行深入分析，写出自己的读后感想。提供的材料可长可短，可以是一段话，也可以是一本书。形式上也可以是多种多样，记叙、议论或说明都可以。写读后感，关键是要读懂材料的深刻含义，选准"感"的角度。读后感重在感悟、感想。一般要跳出材料，联系社会和生活谈感想。读后感对于培养学生的阅读理解能力、逻辑思维能力和语言表达能力都是较好的训练方式。学生写读后感要注意感想和感悟都是材料主题和内容的自然延伸，不可以牵强附会、不合逻辑。

（三）自由作文

自由作文是由学生自行拟定题目，自主作文的一种训练方式。可以说，自由作文是最符合写作本源意义的训练方式。这种作文训练方式，学生所受限制较少，可以较为自主地进行写作；可以触景生情，写人、记事，也可针砭时弊等，避免了没有东西可写的矛盾，其对调动学生的写作积极性和写作兴趣，发挥学生的创作个性都能起较好的效果。

自由作文由于要对自身生活中的写作素材进行选择，选择的过程也是对美好事物和对象的甄别过程。这有利于培养学生的审美情趣和审美能力，有利于深化学生对社会、生活的认识和理解。自由作文不容易形成写作训练体系，相比命题作文而言，其训练的目的性和计划性不够明显。自由作文主要形式有自由拟题作文、日记、笔记、稿件以及创作等。总之，写作训练的各种方式都各有其特点。在写作训练过程中，要综合运用多种训练形式，整体把握，有效训练。

此外，还要注意以下三个方面。第一，写作训练可以先进行单项技能训练，将片段训练与综合训练相结合。例如，练习写人，可以单独练习写肖像外貌、动作、成长过程、对话、细节、场面、心理活动等。不要让学生写整篇文章，特别是低年段的学生，可以"先分后合"的方式，让学生写作训练从局部到整体。第二，可以对写作全过程进行序列化的专项分解训练，对观察事物、搜集资料、构思立意、编写提纲、选材剪裁、谋局布篇、修改文章等能力均要一一训练。第三，课堂写作训练要重质量，不应简单地求数量多，一篇文章反复修改几遍，直到学生修改能达到的最佳水平才罢休。这比写几篇文章却又随随便便评改，训练效果要好许多。同一材料，要求写几篇立意不同的文章或者同一对象，要求写不同体裁的文章，都是较好的训练方式。

第四节　小学语文口语交际教学

口语交际教学是学生在教师的组织和指导下，通过具体交际情境的创设与口语交际活动的开展，规范口语表达、提高口语交际能力和提升交际素养的教学活动。口语交际能力是学生语文能力的重要体现，是现代公民必备的能力。从语言发展的角度来说，口语先于书面语，使用口语进行交际是人类最重要的交往活动之一。口语交际教学既是语文教学的一项基本内容，也是时代赋予语文教学的要求。教师应当充分认识到口语交际教学的重要性和迫切性，以切实可行的策略和方法，组织学生进行丰富多样的口语交际实践，使其形成良好的口语交际能力。

一、口语交际教学的策略

口语教学策略的选择直接关系到每一类型口语交际教学的效果，每一类甚至每次口语交际教学过程主要有以下五方面的策略。

（一）确立话题策略

口语交际是基于一定的话题、以口头语言为载体而开展的交际双方互动的信息交流活动。教师要进行口语交际教学，首先要选择恰当的话题，话题的确立应考虑到其价值、难易程度等因素，话题应是多元的，形式应是开放、贴近现实生活的。在进行口语交际教学时，可以灵活选用教材中设计的口语交际话题，引导学生围绕话题进行专项训练。例如，现行语文教材密切联系学生的生活世界和想象世界，选编了许多使每个学生都有话可说、有话要说的教学模块内容，如小学的"学会祝贺""爱吃的水果""认识标志"等说话模块，都为学生提供了"口语交际"课的话题参考。教师也可以从教材的阅读、写作内容中提取话题，进行延伸训练，拓展学生思维的广度和深度，巩固和提高阅读教学和写作教学的效果。同时，还可以跳出教材，直接从家庭、学校生活以及学生熟悉、感兴趣的社会热点中，选择话题，引导学生展开讨论。这样既有利于学生口语交际能力的提高，也有利于扩大学生的知识视野，全面提高语文素养。

（二）创设情境策略

口语交际是在特定的情境中，产生的言语活动。在确立好话题后，就需要教师精心创设特定的交际情境。口语交际教学活动，主要应在具体的交际情境中进行。

教师要大胆创新，因时、因地、因人制宜，创设生动有趣、符合学生心理年龄特征的情境，让学生形成一种亲历感、现场感和对象感，自然而然地产生强烈的交流欲望和真正的情感体验。这种具体的交际情境，可以是真实发生在课堂的问题式、讨论式等交际情境，也可以是模拟真实生活的交际情境。创设的情境要力争人人参与，让每个学生都能得到锻炼的机会。例如，新学期，班上来一位新同学，教师及时捕捉时机，要求以欢迎新同学为主题，请每个学生发言。这样，学生就处于具有实际意义的交际情境中，引发真情真话。

此外，创设情境的方式是多种多样的，具体有以下几点：第一，可以用生动的语言描绘情境。教师用富有感染力的语言，为学生创设生动的情境，能使他们积极主动地融入角色，找到情感共鸣点，产生情感回应，调动表现欲。第二，教师也可以在课堂上联系学生的日常生活和经验进行场景的布置，利用录像带、录音机、多媒体、网络等各种现代化教学设备，创设具体直观的交际情境，使学生兴趣倍增，情绪高涨。第三，通过让学生进行角色表演，进入交际情境。爱表现是学生的天性，在真实的表演中，学生的情感能自然流露，交际的欲望十分强烈。因此，教师可以将课文内容改编成情景剧，将静态的口语交际内容变为以交际为目的动态内容，让学生边表演、边进行口语交际。第四，教师还可以在课堂中模拟家庭生活、社会生活等，再现真实情景，激发学生的好奇心和兴趣。

（三）多元互动策略

口语交际是听与说双方的互动过程。参与交际的人，不仅要认真倾听，掌握对方说话的要点，而且要适时表达自己的意见和想法，随机应对。正是在双向或多向互动中，口语交际的双方才能实现语言信息的顺畅沟通与交流，一旦一方停止发送信息，交际也就中断。"互动"是口语交际教学，是区别于听说教学的最大特征，即使像报告、演讲等独白式交际，也需要互动。听者和说话者也要有表情地回应。

口语交际教学的互动方式有许多，常见的有三种：一是师生互动。这要求教师转换传统的权威角色，与学生平等交流，激发学生表达的欲望和思想的火花。二是生生互动。这是同桌之间、前后桌之间、小组成员之间相互合作和交流沟通的方式。在编排组合时，要考虑学生之间的合理搭配。三是群体互动。这是班级小组与小组之间或全班学生共同参与的活动方式，也可以拓展到班级与班级之间，班级与学校、家庭之间更广阔的口语交际方式。无论是哪一种互动的方式，学生与其他互动的成员之间都是相互协调、有机组合的。这种师生之间、生生之间和群体之间的互动关系，也不是为了完成口语交际某一阶段的话题暂时维系的，而是为了培养学生口语交际能力而稳固构筑的，贯穿课堂教学的全过程。多元互动策略要遵循以人为本的理念，关注每一位学生的发展，让每一个学生都成为交际的主体。教师不能只看互动学生的热闹表象，更要特别关注少数"弱势"学生的参与程度。这些学生或因为个性内向，或受先天条件限制，不善于口头表达。久而久之，他们容易丧失表达兴趣，也容易被忽视。他们更需要得到教师和同学的关心、尊重和信任。因此，教师要在课堂上建立师生之间、生生之间平等和谐的人际关系，尽量为"弱势"学生提供口语交际的机会，经常鼓励他们尝试和参与，共同形成一个轻松、自主的交际课堂，从而保证口语交际互动路径的畅通。

（四）示范指导策略

小学生口语交际的内容、方式和语言形式还比较粗疏。其口语交际态度、习惯和能力等正在形成发展过程中，而教师的言谈态度、习惯和风格个性都会在潜移默化中对他们产生很大影响。因此，在口语交际教学中，教师的示范极为重要。首先，教师要身体力行，以自身规范的言语行为作为学生的表率。在课堂教学中，教师优雅得体的手势表情、敏锐准确的倾听水平、简洁明快的教学语言，以及丰富多彩的表达风格与习惯，都是学生口语交际训练的直接示范。因此，教师要加强自身的口语交际素养，处理好教学中的口语交际与平时口语交际的关系，使课堂教学语言既有教师语言的共同美感，又具有个人风范，从而真正成为学生学习口语表达的对象和楷模。此外，教师在生活中的口语行为，也应规范得体，不能课堂普通话，下课本地话；课堂文明话，下课粗俗话。这样会对学生的口语交际行为产生误导，不利于学生文明得体的口语交际习惯的形成。

同样，教师的指导十分重要，这种指导主要包括三个方面。一是指导学生倾听。例如，在指导学生专注耐心地倾听时，要结合具体典型案例，甚至教师亲身示范等，让学生明白怎样才是专注耐心，然后在具体情境中让学生实践和感受，学会专注耐心地倾听。二是指导学生表达。要加强学生普通话水平的训练。无论是在课堂教学还是课外活动，无论是与学生讲话还是和教师交流等，都要求学生使用普通话。在学生出现发音不标准、用词不当、语序颠倒或语意不畅时，教师应及时提醒和纠正错误，使学生逐渐形成按规范讲普通话的自觉性与主动性，指导学生讲话文明有礼。适时、适当地使用文明礼貌语言，能给人以亲切、和蔼、大方和有教养的感觉，能营造一种健康、积极、和谐的交际氛围。指导学生有条理地表达，教师要引导学生在说话时，先亮出自己的观点，然后迅速整理思路，围绕观点进一步思考从具体的几方面来选择内容和组织语言，做到有理有据。三是指导学生交际技巧。例如，如何在交际的最初几分钟迅速打动对方？面对尴尬场面如何处理？要指导学生恰当地用交际中的无声语言，如表情、手势、动作等，强化口语的表达效果。在口语交际时，要求学生神情自信、自然，目光坦诚，切忌左顾右盼，心不在焉或居高临下，目中无人。此外，还要指导学生根据交际对象、场合和语境的不同，适时调整自己，提高自控能力和应变能力等。

（五）评价反馈策略

评价反馈，是任何学科教学内容都不可缺少的一个重要环节。口语交际教学也应重视评价反馈策略，建立自己的评价机制，以便对口语交际活动及时进行反馈与改进。

在口语交际教学中，评价的主体应多元化，可以是教师评价、学生自评和学生互评等相结合，甚至还可以让家长参与到评价中来。在评价时，要尽量以鼓励为主，多从正面加以引导，激励学生参与口语交际的积极性与主动性。对在活动中表现优异的学生，要及时表扬，给予充分肯定；对正在进步的学生，则可以提供一些实质性的改进意见。教师评价学生不能只说"很好""不错"之类笼统的话语，而要准确到位地说出优缺点，如"你的声音很响亮，吐字清晰""表达流利连贯，比以前有了进步""观点很独特，很有见解""如果语速能够慢点效果就会更好"等。这样，在每一次口语交际活动中，学生都能得到具体而富有建设性的反馈信息，以便及时发现和改进不足，逐步提高交际能力。

二、提高学生口语交际能力的途径

口语交际能力的形成，需要落实在具体的交际实践中。口语交际教学渗透在语文教学的各个环节中，不能狭隘地理解为课堂教学或口语交际专题课。因此，口语交际教学的方式是多种多样的。下面笔者从口语交际课、阅读和写作教学、生活实践三个方面进行具体论述。

（一）在口语交际课中培养口语交际能力

口语交际是语文课程中的一个重要学习内容，与阅读、写作一样，口语交际应当进行专项训练。在进行专门的口语交际教学时，要根据课程标准的要求、教材内容的编排和学生实际，合理设计和安排，使学生的口语交际训练能系统、集中、有序地开展，保证教学效率。

1.循序渐进地安排各学段的教学重点

教育家夸美纽斯在论述循序渐进的教学规则时指出："一切功课的排列都要使后学的功课能够依靠先学的功课，要使一切先学的功课能够靠后学的功课固定在心里。"口语交际教学也应该依据循序渐进的原则，有序地确立教学重点，安排教学内容。教师要掌握小学不同阶段口语交际教学的目标，通盘考虑，统筹安排；要求由易到难，内容由简单到复杂，形式由单一到综合，逐步提升学生的口语交际能力。在口语交际能力的培养上，从小学低年级、小学高年级至初中、高中的教学重点，分别应体现出从口语基础技能、参与各类交际活动到研究各类交际与媒体问题为主的纵向深入的特点。在口语交际内容的选择上，从小学到初中再到高中，应体现出交际情境的创设分别以家庭生活、学校与同伴生活，以及社会与职业生活为主的横向拓展特点。一位教师在实践中，总结出螺旋式上升的五个阶段的口语交际教学设计。第一阶段，想办法让学生"开口说"；第二阶段，教会学生"怎样说"；第三阶段，帮助学生"找话说"；第四阶段，鼓励学生"大家说"；第五阶段，激励学生"自由说"。

2.创造性地使用教材内容

与以往教材相比，现行语文教材比较重视口语交际教学，安排了较多的口语交际训练。教师应充分利用教材中安排的口语交际内容，使其在口语交际专项训练中发挥重要作用。例如，自我介绍、看图说话、复述故事、讲故事、讨论演讲、辩论、采访等活动，都为教师设计口语交际课提供了形式多样的参考。教师要认真研究，准确把握教材，珍惜每一个专项安排，尽量用好教材中现有的教学资源，但教材提供的内容往往不够具体，未必切合各地教学实际。因而，教师不能拘泥于教材内容，僵化操作，而要根据学生特点和地方实际，适当地进行增删调整，灵活、创造性地使用教材，优化教学效果。

3.选择适当的教学方法

在进行口语交际教学时，针对不同的内容，教师应精心选择灵活的教学方法，使学生具有积极的参与热情。口语交际教学的方法丰富多样，根据不同的活动形式划分，有问答法、讨论法、模仿法、表演法、复述法、讲解法、诵读法等；根据不同的教学范围划分，有全班式、小组式、个人式等。针对不同的教学内容、不同的学生和不同的教学条件，教师应选择合适的教学方法，切实提高学生的口语交际能力。例如，小学生生活阅历比较少，认识能力不够强，知识积累和语言基础较弱，宜采用诵读法、看图说话法、问答法、游戏法等，以此激发学生的兴趣，树立交际的信心，培养交际能力。教学方法不仅要因学段而异，还要因学生而异。对待学习态度不端正和学习能力偏差的学生，宜采用个别指导法；对于学习能力较强的学生，要鼓励其自主学习；对于语言能力强的学生，可以采用讨论法，促使他们提升口语交际技能；对于语言能力弱的学生，可以采用诵读法和模仿法，增加练习机会；对于场依存型的学生，可以用讨论法打开思路；对于场独立型的学生，可以使用问答法、表演法等发挥优势、取长补短等。实际上，在具体的口语交际课中，不能只采用单一的教学方法，而应多种方法相结合，才能取得好的教学效果。

（二）在阅读和写作教学中培养口语交际能力

阅读和写作教学，是师生和生生进行交往互动的过程。语文教师不能只凭借口语交际专项训练来发展学生的口语交际能力，而应当将口语交际教学意识渗透在语文教学的全过程中。通过长期的感染和熏陶，潜移默化地提高学生的口语交际能力。

1.结合诵读进行口语交际训练

诵读是学生口头表达的基础，它既能让学生积累规范的语言，又能让学生体验到规范语言的价值。诵读具体分为三种，即朗读、朗诵和背诵。通过朗读，可以培养学生敏锐的语感，丰富口语材料，锻炼口才；要重视朗读训练，让学生多听录音和教师的范读。要让学生通过直观感受语气、语调的变化，去深刻感受语言的情感；要让学生在理解课文的基础上，学会将作者的思想感情转化成自己的口头语，去充分发挥。例如，个别读、齐读、轮读、分角色读等，都是口语练习的好形式；还要通过生生和师生对朗读的评价，来提高朗读能力，开展口语交际。朗诵，是一种较高层次的口语训练。它以有感情的朗读为基础，要创造性地运用停顿、重音、语调、语速，辅以手势、眼神、身体动作和面部表情等体态，将朗读艺术化。背诵，是一种传统的口语训练形式，其既可以积累大量语言材料，又可以强化记忆能力，还可以锻炼口头表达能力。背诵训练是指导学生在理解的基础上记忆，不要死记硬背。此外，背诵训练还要教给学生识记的方法，如尝试重现背诵法、整体背诵法、分部背诵法、综合背诵法等。

2.结合复述课文进行口语交际训练

复述课文是指让学生用自己的语言和课文中的重点语句，把课文的内容有条理、有重点地表述出来。它不是像背诵课文那样照着原文背下来，必须是在学生理解、消化课文内容的基础上才能实现，是一种对课文内容的加工和语言的再创造，因此是口语交际训练的重要方法。在教学中，要根据课文内容、体裁特点、学生的实际和口语交际要求，确定复述的内容和形式，既可以复述段落，也可以复述全文；既可以详细复述，也可以简要复述；既可以按照原文复述，也可以创造性复述。在复述时，要按照一定的顺序，突出重点内容，详略得当，还要有条理、有感情，尽量使用课文中的重点词语和典型句式。在复述时，教师可以运用口语交际的方式进行必要提示，启发学生的思维，帮助他们回忆故事内容和情节，从而降低复述的难度。这样既形成了复述能力，又训练了口语交际技巧。

3.结合提问讨论进行口语交际训练

思维的发展是从发现问题开始的。教师或学生提出一定的问题，然后围绕这个问题展开讨论。师生一起分析问题和解决问题，是课堂教学最常用、最有效的手段，也是训练学生口语交际能力的重要方式。在教师的引导和鼓励下，学生在感知和理解课文的过程中，不懂就问，要敢于提出问题。有了问题后，学生通过阅读文本、查阅资料并积极思考，大胆地发表自己的见解和看法。为了完善和提升自己的认识，学生经常需要与同伴讨论，进行小组合作，以找到解决问题的好办法，而教师在课堂上因势利导，于学生疑惑处启发，思维阻塞处疏导，学习关键处点拨。通过师生之间、生生之间的相互交流和讨论，不仅加深了对文本的理解，提高了学生分析和解决问题的能力，同时促进了学生思维能力的发展，训练了学生的口语交际能力。

4.结合民主评议进行口语交际训练

在民主、开放的语文课堂中，师生是平等交流的，学生有充分展示个性的机会。这要求学生不仅要积极思考判断，提出自己的观点，还要特别用心倾听别人的朗读和发言，提出不同的看法，做必要的补充。在评议时，首先要求学生用心倾听别人的朗读、发言和答问，不要随便打断别人的发言，注意交际礼貌。然后，积极思考和判断，对话题进行补充，提出不同的意见。在评议时，对别人提出的意见既要采取悦纳的态度，又要进行必要的讨论，保持自己独立的思想。学生对教师、同学读书和回答问题等情况，要发表自己的见解，说出自己的看法，被评议的学生可能虚心接受，也可能针锋相对地坚持自己的意见，这样自然形成你来我往的互动过程。在这一评议过程中，学生不仅深化了对文本创造性的理解，而且能逐渐形成相互交流、大胆争辩的口语交际能力，提高口语交际的信心。因此，教师应当重视将评议贯穿整个课堂教学过程。

5.结合填补空白进行口语交际训练

由于表达的需要，课文中会出现情节跳跃、内容省略的现象。有些课文还有令人遐想的立意、耐人寻味的结构、意犹未尽的语言，有些课文的标题就能够引起读者丰富的联想。教师要善于抓住这些内容，用口语交际填补空白。填补空白的形式有多种，一是对关键词句填补空白。在课文中，有些词语比较抽象，概括性强，而有些人物的语言非常简洁明快。在教学时，可以让学生对或抽象或简洁的语言展开合理加工和想象，让简约的语言更丰富，让抽象的语言更具体。

例如，《小摄影师》一课里，高尔基说："请转告他，我很忙。不过，来的如果是个小孩子，就一定让他进来。"这句话留给学生极大的想象空间。教师可以根据高尔基说话的内容，设计相关的训练，让学生顺着课文情节，展开合理的想象，将课文内容作适当延伸。例如，"你觉得小摄影师会来吗？请说说理由""假如小摄影师真的来了，高尔基会怎么做呢？小摄影师又会怎样说呢"。在自由准备后，可以让同桌间互说，自然贴切地进行口语交际训练。

二是对省略内容填补空白。在写作上，不少作者会采用详略结合的方式，有时因表达的需要将一部分内容省略。在利用课文这些"空白"进行口语交际训练时，可以让学生先进行合理的想象，再把略写或省略的内容说具体，说完后请其他学生补充、评价，让学生借助这一载体充分经历互动的过程。例如，《项链》一文的结尾戛然而止，那一串省略号意味深长，给读者留下了无尽的悬念和思索。教师可以让学生续一个结尾来激发其想象力，培养口头表达能力。

6.结合口头作文进行口语交际训练

说和写有着密不可分的关系。口头作文就是一种兼具写作和口语交际功能的言语活动。口头作文要求当众述说，这使学生在语音、语速、措辞、语态和情感等方面都可以得到锻炼，对学生口语交际能力的提高大有帮助。在口头作文前，教师可以适当地教给学生一些口头作文的技能技巧。例如，如何注意话题语境的把握，措辞如何简洁明了；如何才能使语言生动形象，说出的话有中心、有逻辑；说话时如何配上适当的表情、手势等。教师要注意口头作文的选题，学生对话题有了兴趣后，才可能有表达的意愿，主体意识就容易被调动起来，进而积极参与到活动中来。在口头作文时，学生要思考三个方面，做到迅速构思：一要确立中心，明确自己的观点和态度。由于构思时间短，必须想定自己说些什么，并确立文章中心。二要从实际出发，为作文寻找一个恰当的切入点。三要注重结局的简洁明快，做到首尾呼应，使口头作文更加完整。为了克服述说口头作文时的紧张心理，学生要对文章的结构和内容有必要的准备。事先做到心中有数，才会充满信心和勇气。在评讲口头作文时，教师应当侧重分析学生口语表达的情况，有针对性地对他们的口语表达予以指导和讲评，帮助学生解决在系统、连贯地讲话时所遇到的各种困难，真正提高他们的口语交际能力。

（三）在生活实践中培养口语交际能力

培养学生的口语交际能力，不仅要加强学科之间的联系，将其融入各学科的教学之中，还应当充分利用学生丰富多彩的日常生活，组织各种有价值的活动，为学生增加口语交际的实践机会。

1.在学校生活中锻炼

教师可以利用语文课以外的时间，在学校开展一些活动来进行口语交际训练。例如，处理班级和学校的一些热点问题、突发事件，组织班级活动，开展主题班会、讨论会、校园广播站，甚至利用电影、电视节目进行口语交际训练。在开展这些活动时，可以把主动权交给学生，让学生运用自己的聪明才智去安排活动、设计方案、制定规则和完成活动。这样既丰富了学生的课外生活，提高了学生的实践能力，又锻炼了学生的口头表达能力，增强了学生之间的交流与情谊。同时，教师还应有意识地利用课余时间让师生之间和生生之间有更多的交流机会，随机进行训练和提高，创造机会，抓住每一个机会使学生得到口语交际的锻炼。

2.在社会生活中锻炼

现实社会生活中蕴涵着取之不尽、用之不竭的口语交际资源，让口语交际和社会生活紧密联系，为学生创造一个口语交际的广阔天地，既能使学生学到在课堂上学不到的知识，又能在实际应用中提高口语交际的能力。因此，教师应该引导和组织学生在社会交往中，开展各种口语交际实践活动。例如，可以组织学生走出学校，去参观或者访问风景名胜、博物馆、科技馆、展览馆等，参加一些社会宣传活动和服务活动，参加社区的各种有益活动，进行社会调查，了解当地的经济、文化情况等。学生可以在日常生活具体的交际情境中，进行训练，如去超市购物、到市场买菜、问路、借东西、与亲朋好友交流、当小记者去采访等。通过观察和体验真实的生活，学生从学校走入社会，提高在社会实践中运用语言的能力，同时也逐步学会如何去关心周围的人和事，开阔视野，为将来走向社会，进行交际活动打下良好基础。

3.在家庭生活中锻炼

家庭生活是学生形成口语交际能力的重要土壤。教师应当利用家长会、个别交流等方式，经常和家长沟通，从而使家长营造良好的家庭口语氛围。首先，要营造宽松和谐的家庭氛围。民主的家庭，往往能营造和谐宽松的家庭氛围。孩子常被作为一个独立的个体得到尊重，他们有较多的机会参与家庭交往，在家庭决策中发表自己的观点，他们也会心无芥蒂地将自己的经历和想法与父母交流，并得到理解与耐心的指导。正是这样的家庭氛围，使孩子们想说、敢说，最终会说，而在冷漠、粗暴、紧张和强制的家庭氛围中，孩子出于自我保护的本能，不敢也不愿与父母沟通，久而久之就丧失了交际的兴趣。另外，家长要掌握必要的口语交际技巧。当孩子产生了口语交际的兴趣后，家长要引导孩子掌握倾听、表达和交流的口语交际技巧，使孩子养成良好的表达习惯，如说普通话的习惯、正确流利地表达的习惯。在表达时，孩子难免会出现言不达义、重复啰嗦的现象，有时还会出现一些不规范的说法，如把"糖"说成"糖糖"，把"睡觉"说成"睡觉觉"。对此，家长要耐心指导，帮助他们，使孩子逐渐形成良好的语感，表达也会日趋正确和流利。当然，在指出孩子表达中的问题时，家长不可操之过急，应以孩子能够接受为前提。家长还可以引导孩子根据不同的场合，选择不同的表达方式，使自己的表达更贴切。例如，用"还可以用什么词语""还可以怎么说"等鼓励性的话语，调动孩子的记忆储存信息，体现表达的灵活性和丰富性，提高孩子的表达水平。

总之，学生在社会生活中，与人交际的机会随时、随处都有，关键是要抓住每一个机会让学生在生活实践中加强锻炼，逐步学会倾听、表达与交流，把学校与家庭、社会有机地联系起来，共同为提高学生的口语交际能力创造条件和机会。

第五节　小学语文综合性学习教学

教育部在 2001 年颁布的《基础教育课程改革纲要》设置了综合实践活动课程，其旨在"强调学生通过实践，增强探究和创新意识，学习科学研究的方法，发展综合运用知识的能力，增进学校与社会的密切联系，培养学生的社会责任感"。这被誉为"我国基础教育课程体系的结构性突破"。《全日制义务教育语文课程标准（实验稿）》第一次出现了"综合性学习"的概念，作为一个新内容，将之和识字与写字、阅读、写作、口语交际四个传统的语文教学内容并列，指出综合性学习是用以"加强语文课程与其他课程以及与生活的联系，促进学生语文素养的整体推进和协调发展"。可见，语文综合性学习是一种新型的课程内容与学习形态，区别于传统的语文活动，也不是单纯的研究性学习。它与识字与写字、阅读、写作、口语交际共同组成语文学习的五大板块，是语文学科的重要组成部分。

一、语文综合性学习的内涵

关于语文综合性学习的内涵，学术界有不同的看法。有学者认为，语文综合性学习是以语言课程的整合为基点，加强语文课程与其他课程的联系，强调语文学习与生活的结合，以促进学生语文素养的整体推进和协调发展。也有学者认为，不应该局限于从学科角度理解语文综合性学习。综合性学习作为一种相对独立的课程组织形态，它超越了传统单一学科的界限，按照水平组织的原则，将人类社会的综合性课题和学生关心的问题以单元的形式统一起来。通过学生主体、创造性的问题解决学习过程，有机地将知识与经验、理论与实际、课内与课外、校内与校外结合起来，以提高学生综合性解决问题的能力。两类看法的主要分歧在于，综合性学习是否体现学科特点。

语文综合性学习不仅是语文学科中的重要组成内容，是五大板块之一，还是应该凸显语文学科的特点。"综合"是语文综合性学习最重要的特征，但这个"综合"是在语文中的综合。

（一）语文综合性学习是语文学习内容的综合

这方面的综合包含了语文学科内容的综合、语文与其他学科的综合、语文与生活实践的综合。

1.语文学科内容的综合

语文学科内容的综合，主要是指听说读写的综合。叶圣陶先生曾指出："我们一方面要让学生善于说，另一方面要使他善于听。读和写呢？读就是用眼睛来听，写就是用笔来说。反过来说，听就是读，用耳朵来读，说就是写，用嘴巴来写。所以现在的语文教学，要把听、说、读、写四个字连起来。"教育家张志公也曾说："听、说、读、写各有其不同的特点、功能与规律，不能互相代替。四种能力又是相互依存、相互制约、相互促进的，不可割裂开来，有所偏废，顾此失彼。"因此，语文综合性学习，首先要注重语文学科内容的综合。

2.语文与其他学科的综合

语文与其他学科的综合，指的是语文与其他各学科的知识相互打通、综合、重组与提升。学生通过综合运用各学科知识，不断探究、学习和发展。语文与其他学科的综合，打破了学科之间的壁垒，改变了过于强调学科本位的状态，体现了课程综合性发展的必然趋势。

3.语文与生活实践的综合

语文与生活实践的综合，是基础教育课程改革强调的发现、探究学习在人发展中的价值的体现。语文是实践性课程，要让学生能够在生活中运用语文，首先就要让学生在生活中学习语文。语言本身就是从生活中来的，作为母语，学习资源和实践机会无处不在，无时不有；应该让学生多读、多写，日积月累，在大量的语文实践中体会和把握运用语文的规律。学生根据在生活中学习到的语言，建构自己的语文知识系统，再根据自身的特点，运用语文。

（二）语文综合性学习是语文学习方式的综合

传统的语文教学更偏重学生的接受学习，而语文综合性学习是基于学生的直接经验、密切联系学生生活实际、体现对知识的综合运用的过程，是充分实践《义务教育语文课程标准（2022 年版）》倡导的自主、合作、探究学习方式的过程。因而，也更强调学习方式的综合，强调个体独立学习与同伴合作学习相结合，接受学习与探究学习相结合，理论学习与实践学习相结合，课内学习与课外学习相结合。学习方式的综合，更体现为学习方式的多样化，由传统的知识"传递—记忆"的方式，转化为多元化的方式，如"观察—表达""问题—解决""活动—探究"等方式。

综上所述，语文综合性学习，是学生在语文实践活动中，综合运用语文知识，整体发展听、说、读、写能力的过程，是语文课程与其他课程沟通融合的过程，是学生在生活实践中，运用语文知识的过程。其根本目的是使学生的语文素养获得全面、协调的发展。

二、语文综合性学习的功能

作为一种新型的课程内容和学习形态，语文综合性学习拓宽了语文教育的空间，拓展了语文学习的领域，在培养学生方面具有以下五方面的功能：

第一，有利于学生体验成功的快乐。语文综合性学习多样的形式，给学生提供了一个展示自己能力的平台。在完成学习任务的过程中，他们可以获得成功的体验，从而感到快乐。语文综合性学习评价，是多元化的，是以促进学生发展为目标的。这就从不同侧面、不同层次肯定了学生，让学生有了更大、更广阔的发展空间。使学生在自主状态中，更能体验到成功之感。

第二，有利于提高学生的语文综合能力。语文综合性学习要求学生进行阅读、写作、口语交际，这有利于培养他们的语文综合能力。学生参与语文综合性学习，在做活动准备的阶段，要阅读丰富的材料，开展搜集、筛选等活动，这能锻炼阅读、理解和判断等能力。在开展探究活动时，学生要走进大自然、走向社会，要与人交往，这能锻炼观察和表达能力。在进行材料提炼、成果形成的过程中，能锻炼写作能力。在学生进行交流时，听、说、读、写能力都要综合运用。在整个综合性学习的过程中，更要综合运用各种语文能力。

第三，有利于学生个性化的发展。语文综合性学习充分尊重学生的兴趣、爱好，为学生的自主性的充分发挥开辟了广阔的空间。综合性学习的组织，是以学生的个性化体验为核心的，鼓励学生自主选择学习内容及方式。教师仅是活动的建议者、组织者和协助者。综合性学习的开展，更多关注活动的过程与方法，尊重学生个性化的学习方式和学习风格，尊重学生独特的体验过程、体验方法和体验结果。综合性学习的成果展示也是个性化的，学生可以自主选择调查报告、演讲、文章或小品等各种形式，更好地表现自我。语文综合性学习的评价，也是指向促进学生个性化发展的。

第四，有利于培养学生合作探究的能力和良好的学习习惯。语文综合性学习要求学生自主和合作相结合，并在许多情况下采用小组形式完成学习任务。在活动过程中，学生要学习应对各种人际互动，如学生之间的互动、师生之间的互动、与调查对象之间的互动等。在交往中学会交往，在实践中学会研究，学会做事，这有利于使学生真正实现学习方式的转变，培养合作和探究能力。由于综合性学习呈学习态势，有宽松的学习空间，因此学生可以在一种的开放、主动和多元的学习环境中学习，这样更有利于他们形成良好的学习习惯，包括思考的习惯、查阅资料的习惯、深入探究的习惯等。

第五，有利于学生形成社会责任意识。语文综合性学习强调真实生活情境的创设，提倡让学生在真实的自然环境、社会环境以及人文环境中开展活动，关注现实生活中有价值的问题，学习发现问题、分析问题和解决问题。在活动过程中，学生会初步形成对人与自然、人与社会关系的正确认识，注意个人行为对自然和社会环境的后果，逐步形成关注社会进步的意识，懂得社会发展人人有责的基本道理。

三、语文综合性学习方案设计的方法

（一）理解并掌握语文课程标准中的相关要求

语文综合性学习是语文学科的重要内容之一。开展语文综合性学习，必须符合《义务教育语文课程标准（2022 年版）》的要求，要为提高学生的语文素养服务。因此，在设计方案前，教师应充分理解和掌握《义务教育语文课程标准（2022 年版）》的相关理念和要求。

综合性学习主要体现为语文知识的综合运用，听、说、读、写能力的整体发展，语文课程与其他课程的沟通，书本学习与生活实践的紧密结合。综合性学习应贴近现实生活。要联系生活中的实际问题，开展学习活动。在实现语文学习目标的同时，提高对自然、社会现象与问题的认识，追求积极、健康、和谐的生活方式，增强抵御风险和侵害的意识，增强在与自然、社会和他人互动中的应对能力。综合性学习应突出学生的自主性，重视学生积极主动地参与精神，主要由学生自行设计和组织活动，特别注重探索和研究的过程，要加强教师在各环节中的指导作用。综合性学习应强调合作精神，注意培养学生策划、组织、协调和实施的能力。综合性学习的设计应开放、多元，提倡与其他课程相结合，开展跨领域学习、跨学科学习，也应以提高学生语文素养为目的。积极构建网络环境下的学习平台，拓展学生学习和创造的空间，支持和丰富语文综合性学习。

（二）确定语文综合性学习的目标

学习目标，是学生通过学习以后能达到的标准。明确目标，是开展语文综合性学习的先决条件。综合性学习的总目标，是提高学生对语文知识的综合运用能力。但每一次的综合性学习，还应该有更具体的目标。目标的确定，一方面要参照《义务教育语文课程标准（2022 年版）》对各学段的要求，另一方面还应该参阅语文教材中的相关材料，包括单元提示、综合性学习相关材料等。当然，还有一个重要的因素，就是学生的具体情况。语文教材是以单元形式呈现的，而综合性学习内容是根据单元要求编写的。单元的相关要求，也是对综合性学习活动的要求。在设计综合性学习方案时，必须考虑到单元的要求。

（三）策划语文综合性学习的中心活动

语文综合性学习是以活动为中心的，持续的时间也比较长。因此，在设计方案时就要仔细考虑、认真策划，策划方案的重点是确定中心活动，这是方案设计的核心环节，也是加强方案设计整体性的重要步骤。只有确定了中心活动，后面开展活动的设计才不会零散、漫无目的。中心活动的确定以目标达成为基础，更重要的是要考虑学生的兴趣与参与，还有就是能运用的教学资源特别是生活资源。

（四）制定综合性学习活动的具体方案

制定综合性学习活动具体方案。具体来说，就是思考并谋划如何组合与运用各种学习、教学手段，采用一定的教学方法，指导学生在一定的时间里完成学习任务。这是方案设计的重要部分，解决的是"如何开展活动"的问题。具体方案设计得越完善，活动开展就越能落实，综合性学习目标的达成度也会越高。

如果说前一个"确定中心活动"的环节更多的是从整体上考虑综合性学习方案，这一个环节就是分解活动阶段，具体各环节任务，明确各环节的学生学习与教师指导的活动。制定综合性学习活动的具体方案，一般要考虑三个环节，即活动前指导、活动中指导和活动后指导。活动前指导，一般在课室进行。活动前的指导，强调激发学生开展活动的兴趣，指导学生开展活动的方法，组织学生做好开展活动的准备。做好活动前的指导，是顺利开展活动的前提。活动中指导，可以在课室进行，也可以在室外或校外进行。教师要指导学生在活动中学会发现问题、解决问题，以及撰写文章或活动报告。活动中指导，强调教师不能放手，关注学生活动过程，及时给予学生必要的协助，让学生的活动能顺利开展。活动后指导，一般在课室进行。教师指导学生展示成果和分享成果，并对成果进行评议。活动后指导可以包括回顾活动前的要求、各课外小组展示自己的作品或访问文章。活动后指导，侧重于交流活动的组织与指导。活动的开展目的并不仅仅是活动本身，更重要的是要通过活动后的交流汇报，让学生分享活动成果，交流实践过程中的心得感受、体验及内心的成长。同时，在交流中通过倾听、观摩别人的实践，得到启发和提高。

（五）设计语文综合性学习活动的评价方案

语文综合性学习活动形式一般是开放式的，持续时间比较长。要保证活动能有效指向目标的达成，就必须关注活动全过程的评价。因此，在做综合性学习方案设计时，也应设计评价的内容与形式。

第一，综合性学习评价方案的设计，要注意明确目标及重点。评价目标要与方案目标相对应，同时由于学生的活动过程是持续的、变化的，评价也是要分阶段进行，体现其发展性。每一环节的评价，应有侧重点，不必求全。第二，综合性学习的评价应该是持续性的，因此方案的设计要注意确定评价的时机，真正达到促进学生发展的目的。评价的时机要及时、得当，通常在较重要的活动内容完成后，就要有相对应的评价。这样既能跟进学生的活动进程，又能对学生的进步给予适时的指导和鼓励，更能通过及时的评价促进学生的自我反思，提高学生在活动过程中的自我管理及主动学习的能力。评价时机的选择与评价内容有密切的关联。例如，评价学生在活动中的合作态度和参与程度，就要选择在活动整个过程中观察和评价；评价学生能否根据占有的课内外材料，形成自己的假设或观点，就应选在活动的中后期进行。第三，综合性学习的活动是开放的。在设计评价方案时，要根据评价的侧重点不同，选择恰当的评价主体与评价方式。特别是由于综合性学习的活动是以学生为主体开展的，提倡自主、合作、探究的学习方式。因此，在评价上，更应强调让学生进行自我评价和相互评价，评价的方式也应多元化。

　　设计好综合性学习评价方案后，要充分发挥评价的指引作用，让学生在活动前了解评价方案。这样学生对整个综合性学习会有个全面的概念，对学习成果有预期的设想，便于根据自己的情况，制定相应的学习策略，安排适当的进度，让活动能够取得更好的效果。另外，教师也可以根据评价方案，有针对性地搜集相关材料，为活动后的教学反思做好准备，切实提高学生的综合性学习能力和语文素养。

第五章　小学语文教学中的评价艺术

第一节　教学评价概述

教学评价的根本目的就是促进学生的成长。通过教学评价，学生可以学会生存、学会获取信息、学会实施行动、学会研究和解决问题、学会更新自己、学会体验感情、学会合作、学会审美。

一、小学语文教学评价的目的

语文课程评价的目的不仅是考查学生达到学习目标的程度，更是检验和改进学生的语文学习和教师的教学，改善课程设计，完善教学过程，从而有效地促进学生的发展。教学评价不应过分强调评价的甄别和选拔功能。语文教学评价应突出语文课程评价的整体性和综合性，从知识和能力、过程和方法、情感态度与价值观等方面进行评价，以全面考查学生的语文素养。同时，应注意教师的评价、学生的自我评价与学生间互相评价相结合。加强学生的自我评价和互相评价，还应让学生家长积极参与评价活动。在评价时要尊重学生的个体差异，促进每个学生的健康发展。要综合采用多种评价方式，考试只是评价的方式之一。

二、小学语文教学中的形成性评价

（一）形成性评价

形成性评价是通过诊断教育方案或计划、教育过程与教育活动中存在的问题，为正在进行的教育活动提供反馈信息，以提高实践中正在进行的教育活动质量的评价。形成性评价不以区分评价对象的优良程度为目的，不重视对被评价对象进行分等鉴定。

形成性评价就是在课程编制、教学和学习过程中使用系统性评价，以便对这三个过程中的任何一个过程加以改进。形成性评价的主要目的不是给学习者评定成绩或证明其成绩，而是既帮助学习者也帮助教师把注意力集中在掌握特定知识上。有学者认为，形成性评价指在教与学活动进行的过程中，教师通过师生互动、生生互动，去判断学生的学习状态，对教学目标的达成程度。还有人认为：形成性评价是对学生学习进展的评价，是在教学过程中为改进教与学而进行的评价。形成性评价注重对学习过程的指导和改进，强调评价信息的及时反馈，旨在通过经常性的测评，提高学生的学习效果，并改进教师的教学。

（二）小学语文教学形成性评价的含义

我们可以初步给小学语文教学形成性评价下一个定义，即在小学语文教学活动的过程中，根据一定的教学原理，为了调节和完善语文教学活动过程，保证语文教学目标的顺利达成，从而采取切实可行的方法对学生语文学习状况等进行的评价。它包括四方面的内容：首先，小学语文教学形成性评价是一个过程性评价，它贯穿整个语文学习过程的始终，评价者是在这样一个动态变化的过程中对学生进行评价的，评价的内容不仅包括测试题当中的听、说、读、写等语文知识，还考查了其他方面的综合素养，包括思想品德、自信心、进取心、意志力、创新能力、实践能力、合作探究能力、学习习惯、学习方法、学习兴趣、学习的积极性等。其次，在实施的过程中要遵循科学性、导向性、多元性、情感性、过程性、差异性的原则，遵循学生身心发展的规律，要符合语文学科的教学特点。同时，评价还要采用一些切实可行的方法，且方法要多样，如课堂观察、问卷调查、作业考核、档案袋评价、测验、学生自评、学生互评等。最后，小学语文教学形成性评价的目的是通过及时修正教学过程中的不足，促进语文教学目标的顺利达成。贯穿小学语文教学的形成性评价的理念是"发展"，通过评价的激励作用，运用各种评价方法增强学生内部发展的动力，激发学生的学习兴趣，形成积极向上的进取精神，从而为学生未来的发展奠定基础。

（三）小学语文教学形成性评价的特点

形成性评价是语义教学活动中的一个重要的环节，对于学生的学习和教师的教学都有着重要意义。随着新课程改革的不断推进，更多新的理念也渐渐注入评价体系当中。总的来说，小学语文教学形成性评价具有以下几个特点：

1.过程性

形成性评价又被称作过程性评价，是指评价者在语文学习的过程中收集学生的学习情况，通过对学生的学习习惯、学习方法和学习态度等进行描述，指出其发展变化的趋势，分析其在学习过程中的优劣之处；对于优势进行鼓励，促进其更好的发展，对不足的地方，提供针对性的意见，帮助学生修正轨道，让学生在语文学习过程中获得语文知识，形成良好的行为习惯，树立正确的情感、态度、价值观，不断地提高自己，获得充分的发展。形成性评价贯穿着语文学习过程的始终，是一个动态的变化发展的过程。在这个过程中，学生的身心状况是变化发展的，评价的标准也是变化发展的。因此，形成性评价不仅是学生学习的过程，也是学生了解自己、了解同伴、互相合作、不断成长的过程。

2.发展性

发展是新课程所需要的形成性评价最重要的特征。小学语文教学形成性评价淡化了传统的总结性评价选拔、甄别的功能，更加强调发展这一目标。在传统的评价体系中学生无法认识到自身的潜能，因此也就失去了发展的动力，形成性评价从评价学生的"过去"和"现在"转到了评价学生的"未来"和"发展"。它关注的不仅是学生过去的学习情况，更着眼于学生未来的发展，重视学生在已有的水平上的发展。它通过发现教学当中出现的问题，进行合理的分析，及时修正，发挥评价的激励作用，为学生未来的发展奠定基础。它强调以发展为本，通过各种评价方法增强学生内部发展的动力，激发学生的学习兴趣，形成积极向上的进取的精神。它不仅考查学生达到学习目标的程度，更关注学生学习的过程和方法，以及情感、态度、价值观的形成。可以说，形成性评价不仅是一种评价手段，更是一种学习方法。它的根本目的是提高学生的语文综合素养，促进学生的全面发展。

3.多元性

小学语文教学形成性评价的多元性主要表现在三个方面：评价的内容、评价的标准、评价的主体。评价的内容的多元性表现在对学生的评价不仅仅局限于测试题当中的听、说、读、写等语文知识，还考查了学生其他方面的综合素养。评价不仅关乎结果，更重视过程。在评价标准方面，既参照统一的评价标准，也考虑个别差异，根据不同的发展要求，促进学生个性发展，以适应人才多样化发展的需要。在评价的主体方面，提高评价对象的主体意识，改变了过去以学校领导、教师等为主体的标准，倡导多元化主体，变单一的评价方式为双向交流的形式，包括教师评价、学生自我评价、学生互评、小组评价等；增强评价主体之间的互动，尤其以学生自评为重点，促进学生的自我认识和自我发展，通过多种渠道的反馈信息，促进学生的发展，使评价在民主的氛围中进行。

4.多样化

小学语文教学形成性评价的多样化表现在评价方法的多样化。评价采用多种方法，包括定量评价和定性评价相结合、智力因素与非智力因素评价相结合等。当下的小学语文教学形成性评价改变了以纸笔测验和教师评价为主的单一的、片面的评价方法，出现了很多新的评价方法。常见的有以下几种：自我评价，自我评价是评价者按照一定的评价标准主动评价自身的一种方法。它有利于学生充分了解自己，体现学生的主体地位，调动学生学习的积极性和主动性。生生互评，即同学之间评价对方，可以教师点名评价对象，也可以让学生自己决定评价对象。教师评价，教师评价包括两个方面，一个是课堂内的口头评价，一个是课堂外的作业批语或者谈话等其他交流形式。另外，一些新型的评价方法，如成长记录袋、学习日记、课堂观察、情景演示等方法，也在小学语文的教学过程中渐渐开始实施，评价方法越来越科学。

5.开放性

小学语文教学形成性评价突出的是一个动态的发展过程，它的开放性体现在两个方面。一是它注重来自各个方面的反馈信息，通过多方面的评价，让学生从多种渠道得到改进学习行为的信息，提高学习效果，既有精确的定量评价，也有模糊的定性评价；既有自我评价，也有其他人的评价。学生还可以自主进行选择，教师也从评价的"主体"成为与学生共同评价的"合作者"，形成动态开放的评价体系。二是形成性评价不以奖惩为依据，只是为了检验学习效果。因此，有些方法的实施，如课堂观察、家庭作业、问卷调查等方法是在自然的状态和开放的氛围中进行的。

（四）小学语文教学形成性评价的功能

小学语文教学形成性评价之所以有巨大的优势，在于它有以下几大功能：

1.导向功能

小学语文教学形成性评价的导向功能是指形成性评价能引导小学语文教学活动朝着预定教育目标发展的功效和能力。小学语文教学形成性评价依据教育目标、教学目标制定了一系列评价标准。这些评价标准要符合现代先进的教育观念、教育规律，以及语文新课程标准的要求，不但关注知识和技能的评价，更注重创新精神、实践能力的评价。这些评价标准对被评价者充当着"指挥棒""风向标"的作用，评价内容决定了被评价者重视的内容，评价标准决定了被评价者努力的方向，对教师的教学和学生的学习都有导向作用。教师根据评价标准对语文教学内容进行合理安排和充分备课，指导学生学习，提高教学质量，力求达到预设的教育目的。对于学生来说，学生根据教师对他们的评价、考试的具体要求等合理地安排自己的学习时间和学习重点，自主选择语文学习内容，有计划地学习，从而为自身语文学习指明了方向。

2.诊断功能

诊断功能不仅是总结性评价的功能，同时也是形成性评价具备的功能。小学语文教学形成性评价的诊断功能就是指形成性评价对语文教学活动的成效、问题做出判断的功效和能力。评价者通过课堂观察、问卷调查、测试等手段收集被评价者的有关信息，从而诊断语文教学活动过程中具体环节的优劣，指出语文教学活动中教师的"教"和学生的"学"存在的问题，并就问题进行分析，找出原因，最后提出改进的方法和措施。形成性评价的过程就如同就医一样，必须通过诊断才能"对症下药"。通过评价的"诊断"功能，教师可以了解学生现阶段的学习水平，知道学生的优点和不足，了解学生的需求，还可以知道学生在哪些地方出了错，并且知道出错的原因，及时调整、改进教学策略，从而提高教学质量；学生通过评价的"诊断"功能，能够清楚地知道自己在语文学习过程中的不足，了解自己的知识水平，从而改进学习方法，促进学习效率的提高。因此，小学语文教学形成性评价的诊断功能对小学语文教学质量的提高具有重要意义。

3.反馈调节功能

小学语文教学形成性评价的反馈调节功能是指通过对学生进行评价，给予学生肯定或者否定的评价，即反馈信息，根据这些反馈信息再对被评价者的语文学习活动进行调节的功效和能力。形成性评价的反馈调节功能主要表现在三个层面：一是教师为学生调节语文学习目标和计划。当教师通过评价发现学生已经完成预定的学习目标或者能够达到更高的目标时，可以帮助学生调整学习计划，加快学习进程；如果学生在学习的过程中出现了问题或者未能达到预定的学习目标，教师则应帮助学生找出问题、分析原因，减缓学习进程，改进方法，向预定的学习目标前进。二是学生通过评价了解自己在学习上的优势和劣势，明确自己的努力方向，调整自己的学习计划，自我调节，完成学习任务。形成性评价的调节功能不仅适用于语文知识的调节，还体现在语文学习过程中思维方式、解题方法、学习态度等的调节。三是评价的结果反馈给学生家长，使家长充分了解子女的学习情况，督促学生学习，参与评价体系，以帮助学生强化正确的学习行为，及时改变不良的学习行为，促进教学工作的优化。

4.激励功能

小学语文教学形成性评价的激励功能是指形成性评价能够激发和维持学生的内部动力，充分调动学生的学习潜力，使学生在语文学习活动中处于一种兴奋状态，保持浓厚的学习兴趣，促进学习目标的高效完成。根据"阿伦森效应"，人们总是喜欢褒奖不断增加，批评不断减少。褒奖可以使人提高积极性，增强自信心。尤其是小学生，教师的激励评价对他们的影响更大。小学语文形成性评价的激励作用体现在两个方面：一是教师通过评价标准对学生语文学习的效果进行测评，对测评的结果，学生之间会形成一种竞争，这种竞争的动力会让学生努力追赶，完成学习目标，这是一种自觉的激励作用。如果获得较好的结果，学生会有成就感，因此增加内部的学习动机；如果未能达到理想的效果，学生则会改进方法，进一步努力。二是教师在形成性评价的过程中对学生进行的激励。这种激励可以是书面的，也可以是口头的，甚至一个赞许的微笑也能给学生带来动力。学生是怀着希望上学的，他们不断努力地证明自己有成功的可能。小学生对教师的鼓励和表扬特别敏感，如果获得肯定的评价，他们会认为自己的努力得到了认可，学生会充满愉悦感和成就感，形成一种前进的内部动力，对学习充满热情，强化以前正确的学习经验，期望获得更大的进步。

5.教育功能

小学语文教学形成性评价的教育功能是指评价影响学生的学习思维、学习态度、学习方法、情感、价值观等的功效和能力。在语文教学的过程中，各种测评就是一种教育活动。通过这种活动，学生对所学习的内容进行识记、巩固、复习、综合，从而提高了自己解决问题、分析问题的能力，训练了思维的发展。教师在语文教学过程中，对学生的学习态度、学习兴趣、学习方法等进行评价，指导学生运用恰当的学习方法，培养踏实、严谨的学习品质，保持积极向上的学习态度，养成良好的学习习惯，树立正确的价值观。学生通过自我评价，认真总结自己的学习行为，对不足的地方进行深入的反思，找到差距，及时调整自己的学习计划，促进自我认识、自我改进、自我提高、自我完善。

（五）小学语文教学形成性评价的理论依据

随着教育理念的不断更新，教育实践不断深入，形成性评价在小学语文教学的过程中也越来越受到重视。最近发展区理论、建构主义学习理论、多元智能理论等均为小学语文教学形成性评价奠定了理论基础。

1.最近发展区理论

最近发展区理论是由维果茨基提出来的。"最近发展区"就是"学生独立解决问题的真实发展水平和在成人指导下或与他人合作的情况下解决问题的潜在发展水平之间的差距"。因此，教师在教学的过程中，应该要充分考虑学生现有的发展水平，对学生进行指导，从而促进学生的发展。小学语文教学形成性评价是一种过程性评价，教师在语文教学的过程中，要充分了解学生的学习情况，及时给予学生指导，进行修正，促使学生向更高的水平发展。

2.建构主义学习理论

建构主义学习理论是 20 世纪 80 年代产生的一种理论，代表人物有维果茨基、皮亚杰、布鲁纳。建构主义关注学习者原有的知识经验，其主张世界是客观存在的，但是对世界的理解是由每个人自己决定的。这也有利于学生的个性发展。在学习上，建构主义更加关注学生如何以原有的经验、心理结构和信心为基础来建构知识，强调学习的主动性、社会性和情境性。建构主义在对学生进行形成性评价时评价的内容、评价的方法、评价的情境、评价中的师生角色提出了自己的看法。

（1）评价的内容。建构主义认为对学生进行形成性评价的内容应该包括两个方面：一是学生已获得的知识。通过对学生已有的旧知识进行激活，与新的知识进行重组从而获得新旧知识的联结。二是评价学生学到的新的知识，包括评价学生变化的知识结构。

（2）评价的方法。建构主义将学生的学习分为低级学习和高级学习两个层次。在低级学习这个层次中，需要评价学生所学习的知识，这属于知识与能力这一层次的评价，即语文课本中一些基础知识。在高级学习这一层次，要评价学生解决复杂问题时的态度、策略、思路、方法等。这属于过程与方法、情感、态度、价值观层面的评价。

（3）评价的情境。建构主义认为知识并不是简单地通过教师对学生的机械传授获得的，学习应该是在一定的情境中学生自主通过意义建构的方式获得的。因此，对学生的评价要创建有利于学生建构意义的情境。这些情境最好要与学生的日常生活相关，如教师在让学生作文的时候，应该多选择一些与学生日常生活相关的主题。

（4）评价中的师生角色。建构主义认为学习是学生自我建构知识的过程。因此，学生应该是评价的主体。建构主义反对以教师为权威，倡导以学生为中心的学习，教师只是提供指导。因此，教师在评价的时候应多体现学生的主体地位，鼓励他们进行自我评价，作文评价可采取自改、互改的模式。

3.多元智能理论

多元智能理论是由美国的发展心理学家加德纳创立的，这一理论被誉为"哥白尼式的革命"。其突破了传统的课程观、教学观和评价观中的一些理念，是形成性评价改革的理论基础之一。多元智能理论认为人应该拥有九种智能：语言智能、逻辑—数学智能、视觉—空间智能、音乐智能、身体运动智能、自我认识智能、人际交往智能、自然观察者智能和存在智能，其中，语言智能和逻辑—数学智能是人类智能的核心。这九种智能只有不同领域的区别，而没有优劣之分。根据其发挥程度的不同，每个人发展方向也不尽相同。因此，有的人擅长语言，有的人擅长音乐，有的人擅长理性思维，有的人被感性思维占主导。各种智能的发展在不同的阶段也通过不同的方式出现，发展呈现出不平衡的趋势。因此，学生都有发展的潜力，只是表现的方向不同。在实施形成性评价的过程中，应该从不同的角度对学生进行评价，发现他们各自的优势，充分发掘他们的潜，尊重学生的个别差异，促进学生的个性发展。

三、小学语文教学形成性评价的方法与原则

（一）小学语文教学形成性评价的方法

在小学语文课堂中，常用的形成性评价方法有以下几种：

1.课堂观察法

课堂观察法就是指在课堂教学的情境中，评价者对学生学习语文的某些特定的学习情况以及发展情况进行捕捉，从而为评价提供素材的一种方法。这种方法包含了学生学习语文各个领域的表现，评价者在对学生观察的同时进行评价。课堂观察法中的评价主体应该是多元的，不仅教师是评价者，学生也应该参与评价体系。教师要注意评价语言的正确使用，减少无效评价语言的使用频率，注意评价的有效性、激励性、导向性等。同时，在课堂观察中评价的标准也应是多元的，鼓励学生从多种角度进行回答，但要注意正确的价值观的指导。

2.问卷调查法

问卷调查法是从口头调查方法演变而来的。它指评价主体按照一定的目标设计问卷来收集评价的对象（学生）的信息的一种方法。问卷调查法可以用于一些比较复杂、难以量化的问题，它适用于对学生情感、态度、价值观方面进行评价。例如，调查学生对教师的教学的意见，对课堂教学的看法，学生对语文课程某一方面的兴趣等，但是它反映的主要是某个问题的一般性倾向。因此，如果想更深入地了解学生的学习情况，还可以使用访谈法等其他手段。在问卷调查法使用的过程中，问卷调查所提的问题要简洁、明了，有明确的目的，切中要点。设置的问题要客观，避免暗示性的提问语句。选择的方法要多样，能够激发被调查者的兴趣，可以设置开放式、封闭式和半封闭式三种类型。

3.作业评价

作业是小学语文形成性评价中必不可少的一部分，它是对学生每日所学内容进行的反馈，是使用最频繁的一种评价方式。作业评价就是教师对学生每日的家庭作业进行的批改和指正。教师应特别重视日常作业评价，认真对待每天的反馈结果。在进行作业评价时，教师要注意多对学生进行激励评价，努力寻找学生在作业中的优点，如优秀的书写字迹，较高的正确率，并对优点给予记录。一次优秀可以发一个小星星给学生，让学生自行积累，作为期末评定的参考依据。评价要具有针对性，教师要及时准确地指出学生作业的不足，帮助学生改正，提

醒他们注意。

4.档案袋评价

档案袋评价法是一种新型的评价方法，是受到大力倡导的一种评价方法。它又被称作"成长记录袋评价"，其最早应用于学生评价，体现了"学习是个过程，学习评价也应有过程评价"的思想。它是将学生日常生活的表现用档案袋进行展示，并将最终的结果进行分析，从而对学生的发展情况进行评价的一种方法。这属于质性评价，是教学和评价一体的评价方法。按照功能不同可以对学生档案袋进行分类，分为"理想型、展示型、文件型、评价型和课堂型"五种。其中最有意义的是理想型，它由三个部分组成，包括作品产生过程说明、学生的作品、学生的反思记录。档案袋评价重在学生发展的全过程，且提供的资料较完整全面，评价更具客观性，教师与学生及家长共同完成档案袋的制作，因此也有利于师生关系、家校关系的融洽。

5.测验

测验是传统的教学评价中最常采取也是最可行的评价方法。测验主要是"教师自编测验"和"学生自编测验"。现多使用教师自编测验，即由教师自己编制的测验试题，如随堂测验、单元测验等。按照测验的表现形式不同，可以分为纸笔测验和表现性测验。纸笔测验多采用试卷的形式；表现性测验就是根据具体要求，在一个真实的情境中，让学生完成一个活动或者完成一件作品，来证明自己的知识和技能的掌握情况。按照测验的内容进行划分，语文学科要对五个领域进行综合考查，包括识字写字、阅读、写作、口语交际、综合性学习，具体地又考查字、词、句、段、篇、修辞等知识点。按照作答方式的不同，可以分为填空题、选择题、简答题、作文题等。教师自编测验有利于教师检查学生的学习效果；学生通过自编测验，可以进一步深化对知识的理解，强化所学知识。同时，通过测验，学生、家长和教师可以获得有效的反馈信息，为学生后续的学习指明方向。

6.活动评价

活动评价主要应用于综合实践活动领域对学生的考查。它是指通过设定一些语文综合活动的情境，让学生在活动的过程中，表现自己各方面的能力。教师在活动的过程中要注意观察，最后对学生综合运用语文知识和技能的能力以及学生表现出的情感、态度、价值观进行评价。

（二）小学语文教学形成性评价的原则

在小学语文教学过程中，形成性评价的运用要遵循以下几个原则：

1.发展性原则

发展性原则是小学语文教学形成性评价最基本、最重要的原则。它是指对学生进行的评价要以促进学生的发展作为目的，为学生的发展服务；评价不仅要重视学生现在的发展，还要重视学生未来的发展；不仅要重视学生语文知识与能力的发展，还要重视学生学习方法、学习态度、学习习惯、思维能力、实践能力、创新能力等方面的全面发展，评价的过程成为促进学生发展的过程。在评价的过程中，要在发展的不同阶段制定不同的评价标准，如语文课程标准针对不同的学段就有不同的要求，循序渐进，通过评价标准改进语文教学。教师要用发展的眼光看待学生，激发学生的自我发展意识，相信每位学生都有发展的潜能。要发挥形成性评价重视学生自我认识、自我改进的特点，促进学生自我完善、自我发展。

2.科学性原则

小学语文教学形成性评价的科学性是指评价的时候必须符合教育规律，用科学的标准和方法进行评判。科学性原则的贯彻表现在以下几个方面：一要树立科学的态度，运用科学的评判标准，进行评判的时候要实事求是，不能带有主观的感情色彩，不能以主观的想法和经验进行评判；要以事实为依据，保证评价结果的客观、公正。二是收集信息的方法要科学，要将定性的方法和定量的方法相结合。语文学科与其他学科尤其是数理化学科相比有特殊之处。它不像数理化学科有标准的答案，有些开放性的题目应该采用定性分析，在定性的指导下定量，让定量分析为定性分析服务，促进评价结果的科学性。三是要运用科学的评价方法，评价方法要切实、合理、简易、可行。形成性评价主要是在教学的过程中进行的评价，如果一项评价的方法很复杂，付诸实践需要耗费大量的人力和物力，那么就算这种方法经过精心设计，再科学、再合理，也是没有意义的。它势必会耽误大量教学时间，对教学效果的达成产生阻碍。因此，评价的方法要在科学性的前提下采用可行的方法。四是确保评价结果的科学性，即对评价结果的解释要客观公正，抓住问题的本质，评价的结果评价双方都能接受。

3.差异性原则

差异性原则是小学语文教学形成性评价需要关注的一项原则，它指的是在对学生进行评价时，要注意学生之间的差异性和多样性。形成性评价不以甄别作为目的，重视的是学生的发展，学生在不同的学段，身心发展、智力发展、阅历、知识结构、认知水平、理解能力都存在着一定的差异。他们的发展存在着不同的倾向，有着不同的需要。同时，不同的学生在发展的同一阶段也存在着差异，有的学生偏重记诵能力，有的学生偏重具象思维能力，即使是完成同一项活动，每个学生表现出的水平也会存在差异。因此，教师在实施形成性评价时要注意按照学生的特点和不同的发展情况制定不同的标准，从学生的实际出发，因人施评。要注意看到学生的进步、优点，以及学生在学习过程中的发展和变化，而不要片面地追求评价标准的统一。

4.全面性原则

小学语文教学形成性评价的全面性原则主要包含三个方面：一是评价要着眼于学生的全面发展，对学生的各方面进行全面的评价。语文学科是一门综合性课程，它包含三个维度和五大领域，因此对学生的评价也包含识字写字、阅读、写作、口语交际、综合性学习等领域。在这些领域的考查过程中不仅要评价学生的知识和能力，同时也要关注学生在过程和方法、情感、态度、价值观方面的表现，促进学生各项素质的全面发展。二是收集评价信息时要注意全面性。在形成性评价实施的过程中要全面收集有关学生学习的全部资料，不仅教师自己要认真观察，还要向学生家长、学生自己、学生周围的同学了解情况，征询各方面的意见，让更多的人进入评价体系。三是要注意方法的全面、多样性，综合运用多种评价方法，根据不同领域的不同要求寻找最恰当的方法，防止出现片面评价。

5.过程性原则

形成性评价又叫过程性评价，它的目的是促进学生的发展，因此小学语文教学形成性评价要贯穿整个语文教学活动的全过程。过程是形成性评价的中心。形成性评价要对学生每日、每月的学习情况进行评价，要关注学生每天的变化和发展。在评价的时候，不仅要对学生掌握、运用知识的能力进行考查，还要对学生在学习过程中所体现的学习态度、学习兴趣、思想变化、学习方法等进行评价。要在学生学习的过程中加以引导，避免他们走入歧途，帮助他们树立正确的价值观。在这个过程中，也要根据学生的发展变化采用不同的标准进行考查。

6.情感性原则

小学语文教学形成性评价的情感性原则包含两个方面：一是在评价的过程中，教师要多运用激励的语言。小学生更喜欢教师的赞美。因此，教师在实行口头评价的时候不要采用过于严肃的态度，不要吝啬自己的夸奖，要对学生充满温情的关怀，表示出赞扬、理解、尊重、体贴等态度。例如，学生深情地朗读后教师要及时赞美，学生回答不出问题的时候教师用期待、鼓励的眼神看着他；学生回答错误的时候教师让他继续思考不要气馁。教师要用自己的情绪感染学生，为学生营造爱的氛围。二是注意在学习过程中对学生正确的情感、态度、价值观的引导。语文是一门综合性很强的人文学科，语文课文里文质兼美的文章包含了各种情感，语言文字承载了作者的情、意、理、趣。学生对课义的理解也应该是多元的、有个性的解读。但是，这种个性解读并不是无原则的解读，它要符合正确的价值观，教师在评价的时候要注意引导学生，对不正确的情感、态度要明确指出，提醒学生注意并改正。

四、小学语文教学形成性评价的运用

语文课程评价的目的主要是弥补学生平时学习中的不足，促进学生更好地全面发展。小学阶段是儿童听、说、读、写能力形成的奠基阶段，小学语文教学形成性评价的对象即义务教育阶段 1~6 年级的学生，他们处在 6~12 岁的年龄段。他们普遍思维活跃，好动，感受性较强，记忆水平较低，以无意记忆为主，注意力容易分散，认知发展还不够完善，需要教师的引导。小学语文教学形成性评价的内容分为识字、写字、阅读、写作、口语交际、综合性学习六大领域。

（一）识字教学评价

1.识字教学评价的内容

识字的评价，要考查学生认清字形、读准字音、掌握汉字基本意义的情况，以及在具体语言环境中运用汉字的能力，借助字典、词典等工具书检查字词的能力。其中第一、第二学段应多关注学生主动识字的兴趣，第三学段要重视考查学生独立识字的能力。

2.识字教学评价的运用

下面是一个教"合"字的教学案例。教师运用的就是课堂观察法，通过观察学生在课堂上的表现，运用激励性的语言进行引导，教会学生识字方法，让学生识字的主动性和创造性得到发挥，提高了教学质量。

首先，教师出示课件"合"字。

师：有没有同学知道这个字读什么？

（有的学生读出来，有的学生不认识。）

师：我听到有人说这个字读"hé"，第二声，那请认识这个字的小朋友告我你是用什么好办法记住它的？

生：我认识这个字，因为我爸爸给我讲过一个故事。

师：哦？一提到故事，我们都非常感兴趣，你快给我们讲讲故事怎样让你认识这个字的。

生：东汉末年，曹操特别喜欢吃甜品，有次他在酥点盒子上写了"一合酥"，被他的手下杨修看见了，杨修就把盒子里的点心和大家一同吃完了。曹操回来以后看见空盒子，问杨修为什么吃了他的点心，杨修说道："盒子上写着'一人一口酥'，我们是按照您的命令来做的，所以吃完了。"

师：你真了不起，爸爸给你讲的故事你能复述得这么生动完整，讲得太精彩了。大家看，这个"一人一口"是不是就是个"合"字啊。通过这个故事，我们立刻就能记住这个字的字形啦。这就是课外阅读的力量啊，大家也要像他一样，多看课外书，很多字就在不经意之间从陌生到成为我们的好朋友啦。我们为他的故事和他教给我们的方法鼓掌。

师：还有谁有其他的方法来记住这个字吗？

生：我用组词法，"合作"。

师：很好，这也是一个办法，我们平时倡导大家要进行合作，要有团队意识，不认识的字大家合作寻找方法一起来认识它，"合作"就是这个"合"。

生："和"谐。

师："和"谐？大家有没有不同意见？大家快点看看这两个"hé"是不是同一个字。

（学生迅速翻字典，有人举手回答不是这个"合"。）

师：大家注意，这两个字是同音异形字，它们的读音相同，但是意义和用法却不一样。刚刚同学们做得非常好，一旦遇到拿不准的字，立刻想到了我们的好帮手——字典朋友，这是个很好的习惯，大家要继续保持。

生：教师，您刚才让我们把书合上，也是这个"合"吗？

师：刚刚我说遇到拿不准的字该怎么办的？

（学生立刻查字典。）

生：我找到了，是这个"合"。它的第一个意思是"闭上"，跟"开"相对。

师：（边做动作边读释义）闭上，合拢。

生：把眼睛合上。

生：把门合上。

生：把嘴巴合上。

师：孩子们，你们个个都是识字小能手啊，这么快就掌握了这么多识字方法，还能联系自己的生活。今天的语文作业有两个：第一，在你的课外书中找一找"合"这个字；第二，在你的课外书中找一找"合"的同义字。

在该案例中，教师通过提问已掌握生字词的学生如何识字来引导学生掌握独立识字的方法，让学生自主寻找识字方法。在学生讲"一合酥"的故事时，教师通过观察学生的表现，抓住时机，及时评价道："你真了不起，爸爸给你讲的故事你能复述得这么生动完整，讲得太精彩了，大家看，这个'一人一口'是不是就是个'合'字啊。通过这个故事，我们立刻就能记住这个字的字形啦。我们为他的故事和他教给我们的方法鼓掌。"一方面，教师运用充满情感的语言，鼓励了该学生，同时强化该生的识字的方法，激发了学生的学习兴趣；另一方面，强调课外阅读的重要性，也对学生学习的方向进行了引导。

帮助学生区别同音异形字，准确地认清字形。在学生不确定的时候主动翻字典查找字形，教师通过观察对部分学生进行评价："刚刚同学们做得非常好，一旦遇到拿不准的字，立刻想到了我们的好帮手——字典朋友，这是个很好的习惯，大家要继续保持。"通过评价学生使用字典的情况，培养他们利用字典、词典等工具书查找生词的习惯；再次强化学生利用字典、词典工具书识字的习惯，培养学生独立识字的能力；最后是作业的布置。通过作业评价让学生从课外书中查找目的字，这不仅教会了学生识字方法，还能让学生多读课外书籍，增加课外阅读量，形成在课外阅读中识字的习惯。

（二）写字教学评价

1.写字教学评价的内容

对于"会写"的字，要重视书写正确、端正、整洁，在此基础上，逐步要求书写流利。义务教育每个学段的写字评价都关注学生写字的姿势和习惯，引导学生提高书写质量，养成写规范字的习惯，减少错别字。第一学段要关注学生写好基本笔画、基本结构和基本字，第二、第三学段还要关注学生的毛笔书写。

2.写字教学评价的运用

以《"红领巾"真好》一课的识字教学为例。

师：小朋友们，在上课之前，老师想先问大家一个问题，你们低头看看自己的胸前佩戴的是什么呀？

生：红领巾。

师：对，它是少先队员的标志，它是用革命烈士的鲜血染成的，大家用响亮的声音再一次叫出它的名字——

生：红领巾！

师：好，下面大家一起举起小手跟着老师一起写一写这神圣的三个字。

（将"红领巾"这三个字工整地、缓慢地写在黑板上，学生都举着手一笔一画地跟着教师认真地写。教师指导学生读。）

师：大家仔细观察一下这个"领"，请告诉我你有什么发现。

生：它是左右结构的字，左边是一个"令"字，右边是一个"页"字。

师：观察得不错，你已经看到了它的结构。下面我们请一位同学上来写一写这个"领"字，看看他和老师哪个写得更好。（生到黑板书写。）

师：大家来点评一下他写得怎么样。

生：老师，他这个"页"字和"令"写得一样大，但是老师写的"令"字比"页"字要胖一点，好像看起来更舒服一点。

师：你观察得真仔细，描述得也非常可爱，还用了拟人化的手法，大家要注意啦，这个"领"字虽然是左右结构，但是它是左小右大，这样在田字格里看起来才舒服，大家不仅要把字写正确了，还要注意美观、规范。

生：（抢着说）老师，还有那个"令"字得把一捺变成一点，他写得有点长了。

师：你们都是火眼金睛啊，老师想提醒你们注意的地方你们都已经自己找出来啦，看来不用我教你们也能知道"领"这个字怎么写好啦。好，大家看，"令"字要写得小一点才好看，那么正是因为"令"字的谦让，才使得"令"字和"页"字组合在一起这么和谐、这么优美！大家再一次举起小手跟着老师工工整整地写一个"领"。（老师范写，学生跟写。）

师：同学们，今天我们学习了红领巾的"领"字，我们要向"令"字学习，学习它的谦让精神，让我们的班级生活更加和谐。下面，大家再认真地在自己的作业本上写三遍"领"字。下面我们来学习第二小节。

（播放幻灯片小鸟捉虫的画面。）

师：小鸟能帮助农民伯伯捕捉害虫，你们在生活中有没有捉过什么？

生：我去海边玩的时候捉过小鱼。

师：呀，你真厉害，小鱼滑溜溜的，你是怎么捉到它的呀？

生：我是用网来捉的。

师：用网，你真聪明，那你告诉我，如果你就站着捉小鱼，你能捉到吗？

生：不能，小鱼游得多快呀。

师：那你怎么办？

生：我跟着小鱼跑呀。

师：哦！看来捉小鱼还要手脚并用呀，你们再看看这个"捉"字，联想生活中捉小鱼的情景，你们有没有想到什么？

生：这个"捉"左边的提手旁就代表"手"，右边的足就代表"脚"，捉小鱼是手脚并用的。

师：那请捉小鱼的小朋友联系自己捉鱼的感受告诉老师，"捉"在写的时候要注意什么吗？

生：左边的提手旁要写得小一点，旁边的"足"要大一点，因为脚下站得稳才能捉得到小鱼。

师：你用自己的生活经验给大家诠释了这个"捉"字，描述得非常有画面感。大家以后写字的时候也要像他一样，看看能不能联系自己的生活来认识一些字。在这里老师还要特别提醒你们，写字的时候，我们也要像捉小鱼一样手脚并用，我们的脚也要牢牢地"钉"在地上，身体要坐直了，只有脚站得稳了，双手才能更专注地去写字；有的同学写字的时候脚晃来晃去，字也写得歪歪扭扭。下面大家就试试手脚并用，在作业本上认真地写好"捉"字。

本案例中的教师将学生置于评价的主体地位，让学生进行互评。在教学"领"字的时候，教师先让学生学会自己观察字形结构，再让学生进行板书。接着请学生进行互评，使学生成为评价的主体，慢慢养成评价他人的习惯，学会如何正确地对他人进行评价。这样不仅有利于加深学生对字形的印象，也有利于学生之间取长补短、互相学习，培养合作精神，从而建立民主、平等的课堂氛围。本案例中，教师在指导学生把字写美观的同时，先让学生自己去发现如何写好"领"字，接着用情感性的语言评价学生观察的结果，发挥了学生的主动性。同时，对学生进行情感、态度、价值观的引导，学习"令"字的谦让，与学生的实际生活联系，也让学生记住了这个字"左小右大"的特点，将字写得正确、规范、美观。

在教学"捉"字的过程中，教师联系学生的实际生活，对学生捉小鱼的过程进行评价，一步步引导学生将"捉"字与捉小鱼的情景联系起来，引导学生将识字与生活相联系。最后，评价学生写字的时候要像捉小鱼一样手脚并用，把脚牢牢地"钉"在地上，对学生写字姿势进行指导，让学生养成认真写字的习惯。

（三）阅读教学形成性评价的运用

1.阅读教学评价的内容

对于阅读的评价，要综合考查学生阅读过程中的感受、体验和理解，既要关注其阅读兴趣与价值取向、阅读方法与习惯，也要关注其阅读面和阅读量，以及选择阅读材料的能力。要重视对学生进行多角度、有创意阅读的评价。对于朗读评价，要求学生在对内容理解的基础之上，"有感情地朗读"；对于精读的评价，要重视学生情感体验和创造性的理解。文学作品的阅读评价考查学生感受形象、体验情感、品味语言的水平，注重评价学生独特的感受和体验。古诗词和浅易文言文阅读的评价考查学生记诵积累，能否借助工具书和注释理解诗文大意。课外阅读的评价要了解学生的阅读量和阅读面，考查其阅读兴趣、习惯、品位、方法和能力。

2.阅读教学评价的运用

（1）关于朗读与默读能力的评价。关于朗读、默读能力的评价，可以在教学过程中进行，可以采用教师评价、自我评价、生生互评的形式。教师应该引导学生读出自己的感情，读出自己的理解，评价要有启发性。朗读评价应重视学生的自我评价，朗读的心理过程包括感知、理解、想象、欣赏、表达几个阶段。读者通过感知进而对文章有了自己的理解，最后利用口语将自己的感受表达出来。所以，朗读评价应该首先进行自我评价，当评价不正确的时候再由其他学生进行评价，相互讨论。默读的评价可以以时间为单位进行考查，如规定十分钟，看学生在十分钟以内分别读了多少内容；也可以以文字为单位进行考查，如规定一篇课文，分别记录学生读完的时间，即可了解到学生阅读的速度。下面是一位教师执教《最大的麦穗》一课中的一段针对朗读的教学案例。

（生铿锵有力、饱含深情地朗读课文中苏格拉底的一段话。）

师：刚刚同学们都听到了这位男同学如洪钟般能触动人灵魂的声音，可是却没有注意他投入、专注的神情。下面，请你再给我们一次聆听你声音的机会，让我们欣赏一下你专注的神情。

（学生在老师的鼓励下重新读了一遍，明显比之前进步了。）

师：如果我是你的学生，听到你这样严肃又充满哲理的话语，我一定能有所顿悟，你是一位严厉派的苏格拉底。

（接着老师又请了一位女同学起来读。）

师：随风潜入夜，润物细无声。你如春风般滋润人心的话语，深入我的心田，你是一位温和派的苏格拉底。

案例中的教师对两位学生朗读的一段话一共做了三次评价。首先，从语音、语调方面用"洪钟般触动人灵魂的话语"进行评价，对"投入、专注的神情"是从感情方面进行评价。要求学生第二次朗读示范的时候提出"再一次聆听你的声音、欣赏你专注的神情"，实际是通过评价对其他学生提出了朗读的标准。第二次、第三次是教师对学生不同的朗读风格进行了评价，尊重学生各自独特的体验和理解，多角度对学生的朗读进行评价。

（2）关于略读和精读能力的评价。文学作品精读能力的评价主要是考查学生对阅读材料的理解能力，感受形象、体验情感、品味语言的水平，特别要重视学生独特的情感体验以及创造性的理解。略读的评价主要考查学生把握课文大意、捕捉文章内容的能力。可以规定时间让学生概括段落大意或者让学生归纳课文中事物的特点、性质等。第一学段主要考查学生对文章内容的初步感知和重要词句的理解、积累，大体感受作品的情境、节奏和韵味。第二学段主要考查学生在对文章大意把握的基础上，对重要段落和语句的细致阅读，感受作品的形象和语言。第三学段主要考查对文章表达顺序和表达方法的领悟。

第一项考查了学生对文章大意的把握情况，选择分角色朗读、情景表演、画图等多样化的形式进行考查，有利于激发学生的兴趣，符合小学生好动、爱表演的特点。同时，通过小组合作有利于培养学生的团队合作精神，符合新课标的要求。第二项考查学生对课文中重要语段的理解、分析能力，有利于培养学生的探究精神。第三项考查学生归纳信息的能力，以及学生对形象、情感、语言的感悟能力。

（四）写作教学形成性评价的运用

1.写作教学评价的内容

写作的评价要重视学生的写作兴趣和习惯，鼓励其表达真情实感和有创意的表达，引导学生热爱生活，亲近自然，关注社会。教师要评价学生写作材料准备的过程，尤其要重视对作文修改的评价。

2.写作教学评价的运用

（1）对写作过程的评价。主要评价学生的写作兴趣。人们在幼儿阶段就已经具备了一定的表达能力，随着词汇量的不断扩充，他们的表达能力也越来越强。因此，教师要鼓励学生根据自己的生活努力表达，培养他们写作兴趣，表达自己的感情。

（2）对写作修改的评价。俗话说"好文章不是写出来的，而是改出来的"，这充分说明了作文修改的重要性。新课标指出要重视对作文修改的评价。对作文修改的评价主要分为三类：教师评价、学生互评、自我评价。

（五）口语交际教学形成性评价的运用

1.口语交际教学评价的内容

口语交际的教学主要是为了培养学生言语实践的能力，具有很强的实践性。义务教育语文课程标准在评价建议中提出"口语交际的评价主要考查学生的参与意识、情感态度和表达能力"。第一学段主要评价学生口语交际的态度与习惯；第二学段和第三学段主要评价学生日常口语交际的基本能力。评价要在实际的交际情境中进行，考查学生真实的口语交际水平。

2.口语交际教学评价的运用

口语交际教学评价可以采用讲述、应对、复述、转述、即席讲话、主题演讲、问题讨论等方式进行。

（六）综合性学习教学形成性评价的运用

1.综合性学习教学评价的内容

综合性评价主要是考查学生语文综合运用能力、探究精神和合作态度，旨在促进学生提高语文水平，帮助他们更好地掌握语文学习的方法。评价要尊重和保护学生的自主性和积极性，鼓励学生用不同方法多角度进行学习探究，充分注意学生解决问题的思路和方法。第一、第二学段要较多关注学生参与语文学习活动的兴趣和态度；第三学段要多关注学生在语文活动中提出问题、探究问题，以及展示学习活动成果的能力。

2.综合性学习教学评价的运用

综合性学习是一门开放性的语文活动，需要将书本知识与实践活动相联系，社会实践活动应该作为书本的延伸。第一、第二学段要多关注学生参与语文活动的兴趣，实践活动可多与时政热点话题相关；与时俱进，以学生喜欢的事情作为主题，充分调动学生的积极性，引导学生动脑、动口、动手，全面提高学生的综合素养。

第二节　课堂评价的艺术魅力

作为小学语文教师，很多人思考得最多的一个问题就是：为什么我们平时花了那么大气力去准备的一堂课，但在课堂上，学生学习的热情却不是很高，课堂也没有达到所预想的效果，而名师的课堂教学都有一种内隐的魅力，能牢牢抓住学生的注意力，让学生积极主动地投入学习活动，造就一种和谐的学习氛围。

其实形成这种魔力的一个重要原因就是他们精彩的课堂评价语言。精彩的评价语言，让课堂变得更精彩。评价在教学中扮演着非常重要的角色，任何一项工作，如果离开了评价，就会失去控制，失去导向，失去动力。教师在语文课堂上，要运用有效的评价手段，充分发挥评价的激励、导向、调控、诊断的功能。

实践证明，语文课堂上，教师的评价能调动学生的学习兴趣；同学之间的互相评价能纠正别人的错误；学生的自我评价，能让学生及时反省。艺术性的评价，正在当下的语文课堂上发挥着重要的作用，评价会让语文课堂激情飞扬，评价是学生持续发展的"良药"。

一、适切评价是学习的"原动力"

评价要适时，教师要善于捕捉课堂生成，通过巧妙地评价处理课堂上的意外，让评价恰到好处。爱因斯坦有句至理名言："兴趣是最好的教师。"古人亦云："知之者不如好之者，好之者不如乐之者。"兴趣是学习的"原动力"，是学习的"催化剂"。它对人的学习有着神奇的驱动作用，能使人因为喜好而努力学习，化被动为主动，化高效为低效，充分发挥个人的主观能动性，达到学习的最高效益。那么，影响学生学习兴趣的因素有哪些呢？影响学习兴趣的因素主要包括教学的方法、师生的关系、教学效果、教学策略、对学生的了解程度、赏罚情况等。教学评价语言，正是教师的教学教育理念、对学生的了解程度、师生关系的最好体现，适当的评价语言有助于培养良好的师生关系，营造和谐、进取的课堂气氛，提高学生学习的兴趣，调动学生学习的积极性、主动性，更好地树立教师的威信。

课堂评价的时机把握是十分重要的。如果把握不好，会影响评价的结果，甚至适得其反。因此，评价时机应选在学生真正感到教师可亲、可信赖之时，选在师生情感在教育空间弥漫之时。

二、发展评价是学习的"助推器"

评价并不是一味地赞扬，一味地给学生戴上不适合的"高帽"，这样的爱只是"溺爱"，对学生的发展不仅是不利的，还是有害的。正确的、发展的评价语言能够帮助学生正确认识自己当前的学习状态，成为学生学习的"助推器"。当学生在课堂上开小差，被教师突然提问时，他们最希望听到的是教师这样说："不要紧，教师给你一点时间思考。""刚刚的问题没有听清楚吗？需要重复一遍吗？"在学生通过思考回答了问题之后，教师应该给予赞许的目光，然后告诉他："你看，认真听课，积极思考，你就能得到问题的答案。"在表扬的同时，用暗示的方法给学生以教育。这样，既可以保护学生的自尊心，也没有姑息学生的错误。

当学生回答问题不够完整的时候，教师也不能轻易放过，而应该及时让学生得到正确的指引。"你已经打开了一扇门，找到了解决问题的钥匙。但是，我们还需要一个同学把大家引进门，谁能够帮助他把这个问题解释得更加清楚，让我们走进知识的乐园呢？""大家不必急于回答，再读一遍课文，认真体会。"只有把我们的一切教育活动都致力于培养孩子全面成长，只有把我们的发展性评价理念贯穿在我们一切的教育行为中，才能真正达到"教育是为了一切孩子"的目的。语文教育是为了更好地培养每一个孩子的语言文字兴趣能力，使每一个孩子都在教育教学中受益，从而让教育的天空充满阳光，充满生机。

三、评价语言要艺术化

幽默、风趣、创新的评价语言是课堂交往的润滑剂。同样，运用幽默、风趣的评价语言也是调节师生情绪、打破课堂沉闷局面所不可缺少的有效方法。于永正老师曾经说过："幽默是教学的得力助手。幽默可以使语文学习化难为易，幽默可以使课堂气氛和谐融洽，幽默可以使师生心灵对接沟通。教师笑着看学生，学生就会笑着看教师。富于幽默感的语言更容易使教师实现对课堂教学的有效控制，更容易缓和师生间的紧张气氛，也更能使学生以一种积极、乐观的态度来处理矛盾，让学生在轻松愉快中接受教育、获得知识。"

第三节　当前小学语文教学评价中存在的问题及对策

语文课程评价的目的不仅仅是考查学生达到学习目标的程度，更为了检验和改进学生的语文学习和教师的教学，改善课程设计，完善教学过程，从而有效地促进学生的发展。从目前的语文教学评价现状看，小学语文教学评价中还存在许多不尽如人意之处。本节拟从当前小学语文教学评价中普遍存在的问题出发，分析其产生的原因，从而提出有针对性的对策和建议。

一、存在的问题

在小学语文教学评价中，存在着教学评价理念仍然落后、评价指标单一、评价方法单调、评价主体单向等问题，严重制约着小学语文教学改革的开展。

（一）教师评价理念滞后

受长期形成的评价观念影响及对应试教育目标追求，部分教师对课程改革的认识与教学实践行动存在着明显的反差。以自我为中心的知识传授，仍居主导地位；以学生学习为中心的教学实践滞后；课堂教学决策思想存在偏差，以学论教停留在认识上，没有转化为行动。

（二）只重视对结果评价，不重对过程评价

小学语文的现行评价方式从评价的时间和作用来看属于总结性评价，而且还是一种定量而非定性的总结性评价，大多是在课程或单元学习告一段落或完成之后进行的。教师往往十分重视学习的效果，而较少考虑如何帮助学生在活动的过程中获得成功的体验。

（三）评价标准和方法单一，缺乏多维性

现行小学语文教学评价标准比较单一，教师往往过于关注学生成绩，忽视对学生平时学习的考核；教学过程与方法、学生情感态度等尚未被纳入评价范畴，这不利于全面增强学生的语文素养。

（四）评价过程中只有教师个人评价，不重视学生主体性

当前语文学习评价大多只有教师个人评价，学生没有发言权，这是小学语文教学中普遍存在的问题。传统意义下的语文学习评价，教师是评价的唯一主体，评价难免偏离客观与公正。片面、主观的评价结果既难以获得被评价者的认同，而且会在师生之间产生对立情绪，使学生的持续发展失去了原动力。

（五）评价功能失调，过分强调评价的甄别与选拔功能

评价功能的失调，表现在学生身上就是学生只关心考试得了多少分，排在第几名，而很少关心考试中反映出来的自身的进步和存在的问题。这说明学生不能正确认识分数的意义，评价的激励、调控、发展功能无法得到充分发挥。

评价功能的失调，还表现在对教学的消极影响上。当前各学科都存在评价方式单一，以考代评的现象，小学语文教学评价也不例外。考试不仅代替了评价，还有无穷无尽的练习题、模拟题，使得学生不堪重负，而且这些练习题往往模仿考试试题的内容和形式，练习的目的不是提高学生的语文素养，而是为学生考出高分做准备。以作文教学为例，有的地方是为竞赛作文做准备，让学生模仿各种获奖作文、参加各级竞赛，"为学校争取荣誉"。这不仅浪费学生的宝贵时间，无助于他们语文实践能力的提高，而且扼杀了学生的学习兴趣，抑制了学生的创造精神。

（六）评价内容片面，忽视对综合素质的考查

首先，小学语文教学评价很少注意对人文性目标的考查。语文课程具有丰富的人文内涵，因而它对学生的情感、态度和价值观能起到熏陶感染、潜移默化的作用。为此，在评价中应包含对人文性教育目标的考查，以引导学生提高其文化品位、审美情趣和审美能力。但在当前语文教学评价中，人文性目标的考查并没有得到应有的重视，其原因主要有两个：其一，教学和评价的重心明显偏向语文的工具性，语文的基本知识和听、说、读、写能力几乎成为语文教学和评价的全部内涵；其二，当前语文教学评价方式单一，主要采用测验与考试来评价学生的学业成绩，评价中追求客观、量化，这种评价方式对人文性目标的考查通常难以奏效。这一评价方式的不足也成为制约教师对人文性目标进行考查的重要原因。

其次，小学语文教学评价的内容囿于书本知识，脱离学生的生活实际。学生的实际生活包括学校生活、家庭生活、社会生活，语文的工具性就体现在这些具体的生活情境之中，而以往的测验和考试很少考查学生在这些真实情境或模拟真实情境中灵活运用语文知识的能力，反映出评价在考查学生实践能力和创新能力方面的效度问题，需要教师采取评价内容开放化等相应措施加以克服与改进。评价内容囿于书本知识，尤其过分强调课本知识，给教学也带来很多消极影响。例如，教师仅凭课本和教学参考书实施教学，学生除阅读课本外，没有时间或不愿意阅读课外书籍。又如，由于测试内容脱离生活实际，学生不注重参与实践，而是把大量的时间消耗在机械练习、死记硬背上；部分教师在教学中以练代教，不注意引导学生从生活中学习语文，在生活中运用语文。

再次，小学语文教学评价的内容偏重对读、写能力的考查，忽视听、说能力的考查。长期以来，语文教学和评价一直以培养学生的听、说、读、写能力为重要内容，但由于"听"和"说"一般未列入测试范围，所以对听、说能力的培养无法落到实处。听、说、读、写四项能力是学生整体语文能力的重要体现，忽视对听、说能力的考查必然使学生的整体语文能力大打折扣。

综上所述，现行小学语文的评价内容过于偏狭，既遗漏了一些重要的内容，又过分夸大了某些内容的价值。评价中过于看重书本知识，特别是课本上的知识，而忽视了对学生实践能力、创新精神、心理素质以及情绪、态度和习惯等综合素质的考查，严重影响了学生的全面发展。

二、对策

考试评价改革是新一轮基础教育课程改革的重要组成部分,考试评价作为教学改革的"导航标",在新课程实施中起着重要的导向和监控作用;全新的教学改革形势呼唤着全新的考试评价理念和考试评价策略。

(一)充分认识小学语文教学评价改革的重要性和紧迫性

中小学教育是基础教育重要组成部分,小学语文教学在突出评价的整体性和综合性、加强形成性评价和重视定性评价、实施学生的自我评价与学生间互相评价等相对薄弱。这需要各级教育行政部门、教科研部门、中小学校以至全社会形成共识,充分认识进行小学语文教学评价改革的重要性和紧迫性,正视中小学语文教学评价中存在的问题,研究解决问题的策略和措施。

(二)更新教学评价理念

新时代语文教师要树立以下新的考试评价理念:

考试评价目的——促进发展。促进学生发展是新课程考试评价的终极目标,也是最高目标。

考试评价要求——遵循规律。要把握如下几个方面:一是工具性与人文性的有机结合,突出语文考试评价的整体性与综合性;二是知识性与实践性的有机结合,突出考查学生运用语文知识的基本能力;三是主观性与客观性的有机结合,凸显学生语文学习的个性化感悟和创新能力。

考试评价内容——综合多维。语文考试评价内容的综合性和多维性,最主要表现为:一是要以语文教学目标为准绳,整合听、说、读、写等核心内容,突出语文学习能力的考试评价,特别是要注重结合具体课文着重考核学生的理解力、判断力、综合力,以及收集资料和使用工具书的能力,考核学生学习运用语文知识的能力,以及从有关资料中发现新知识的能力;二是要把学生在综合性学习中的表现、取得的实践性成果纳入语文考评要素。

考试评价方式——多样生动。要让学生既喜欢学习语文又乐于考试,消除对考试评价的畏难情绪,就要讲究考试评价方式的多样性和形式的生动性。要想体现考试评价的多样性和生动性,除注意"六个结合"(即口试与笔试相结合、课内和课外相结合、平时与期末相结合、自评与互评相结合、量化与质性相结合、活动性测试与正式考试相结合）外，在试题的设计上也要尽量做到新颖、生动。

考试评价主体——多元互动。考试评价主体的多元互动，就是要改变过去考试评价完全由教师包办代替，学生始终处于被考被评地位和评价主体单一的局面，把学生自我评价、学生之间互评、教师主导性评价和家长参与评价有机结合起来；特别要注重提高学生参与评价的兴趣和能力，促使学生在学习中学会评价、在评价中学会学习。

（三）改革教学评价策略

小学语文教学评价改革，在操作层面应从课堂评价、平时考核和书面考试三方面入手进行探索。在对学生语文学业成绩进行评定的时候，可将这三方面的成绩按一定的比例综合起来，以尽可能科学、全面地评定学生语文学科学业成绩。

1.改革创新小学语文课堂评价

课堂评价是针对学生在课堂学习过程中的具体表现而立即进行的点评，它贯穿课堂教学活动的每一个环节；课堂评价的内容与教学内容是一致的，学生在认字写字、课堂发言、自主学习、合作探究、小组活动、朗读表演等方面的表现，都可以成为课堂评价的对象。

2.改革创新小学语文平时考核

平时考核主要是指对课堂评价和书面考试不便涉及，学生在语文学习过程中表现出来的兴趣、态度、习惯、方法和取得的实效、达到的学习程度，进行综合考查、测试、评定等，重点应在识字、写字、阅读积累、习作（含写作）、口语交际和综合性学习六个方面进行改革，探索不同的考核办法。

总之，改革和优化小学语文教学评价体系，无论是对于语文教学的进步、语文课程的发展，还是对于培养个性充分、自由、和谐而又全面发展的一代新人，都具有举足轻重的意义。探索、创建与语文课标理念相符合、与语文新教材特征相适应、与实施素质教育要求相统一的语文教学质量的考评监测制度与体系，是各教育部门、学校以及全体教师共同的职责与任务，需要在长期的实践中不断探索和努力。

参考文献

[1]薛瑾作. 小学语文教学策略探索[M]. 上海：上海大学出版社，2024.

[2]杨洪编，胡丹. 学科教学方法论丛书：小学语文教学方法论[M]. 成都：四川大学出版社，2024.

[3]宋秋前，钟玲玲. 小学语文教学的实验研究[M]. 上海：上海交通大学出版社，2023.

[4]周均东. 中小学语文教学研究新论[M]. 北京：新华出版社，2023.

[5]杨昭昭. 探索与实践 小学语文朗读教学[M]. 北京：九州出版社，2023.

[6]胡冰茹，周彩虹，郭丽梅. 小学语文课程教学设计与技能提升[M]. 苏州：苏州大学出版社，2023.

[7]王林波. 小学语文怎么教：指向语用的课堂教学实录[M]. 武汉：长江文艺出版社，2023.

[8]李竹平. 呼应学习任务群：小学语文大单元教学设计：一、二年级[M].武汉：长江文艺出版社，2023.

[9]李竹平. 呼应学习任务群：小学语文大单元教学设计：三、四年级[M]. 武汉：长江文艺出版社，2023.

[10]符雯琳，林智强，钟淑杯. 小学语文教学基础与实践[M]. 长春：吉林出版集团股份有限公司，2023.

[11]张海芳. 为思维生长而教：走向深度学习的小学语文单元整体教学[M]. 北京：九州出版社，2023.

[12]朴昌东. 基于标准的小学语文教学模式探索[M]. 深圳：深圳出版社，2023.

[13]吴亮奎，刘雯，赵珊，等. 小学语文教学设计：思维促进[M]. 福州：福建教育出版社，2023.

[14]王瑞亚，姚峰，封志红. 小学语文教学与阅读能力培养研究[M]. 北京：现代出版社，2023.

[15]黄秀英. 灵动理念下的小学语文教学的行与思[M]. 北京：现代出版社，2023.

[16]林志芳. 回望与省思：当代小学语文教学设计发展研究[M]. 济南：齐鲁书社，2023.

[17]吴忠豪，丁炜.21 世纪小学教师教育系列教材：小学语文教学设计[M]. 北京：中国人民大学出版社，2023.

[18]黄梅. 小学语文教学策略与研究[M]. 长春：吉林人民出版社，2022.

[19]姚雪晴. 整合的力量：走向核心素养的小学语文教学[M]. 济南：济南出版社、山东城市出版传媒集团，2022.

[20]陈台盛. 基于"双减"背景的小学语文教学策略研究[M]. 沈阳：辽宁人民出版社，2022.

[21]王林慧. 学为中心：指向深度学习的小学语文教学探索[M]. 杭州：浙江工商大学出版社，2022.

[22]舒洪沫. 优秀传统文化融入小学语文教学研究[M]. 长春：吉林文史出版社，2022.

[23]陈月容，黄秀英. 研而有声：基于核心素养下小学语文教学的探索与实践[M]. 长春：东北师范大学出版社，2022.

[24]甘明静,洪炳强. 中小学语文教育与教学研究[M]. 长春:吉林出版集团股份有限公司，2022.

[25]徐凤杰，刘湘，张金梅. 小学语文教学生活化的策略与研究[M].长春：吉林人民出版社，2021.

[26]施丽聪. 体格立场：小学语文教学新思维[M]. 厦门：厦门大学出版社，2021.

[27]杨慧莉. 小学语文语用教学的实践研究[M]. 天津：天津社会科学院出版社，2021.

[28]吴立岗. 小学语文教学研究：第 2 版. [M] 北京：国家开放大学出版社，2021.

[29]任红蕾. 小学语文教学方法与有效性研究[M]. 长春：吉林教育出版社，2021.

[30]汪潮. 小学语文课程与教学论[M]. 上海：华东师范大学出版社，2021.

[31]郑惠懋. 小学语文高效课堂教学与实践探索[M]. 长春：吉林教育出版社，2021.

[32]高红. 小学语文课堂有效性教学研究与应用[M]. 北京：现代出版社，2021.

[33]杨海英，王翘楚，毕惠玲. 小学语文教学技能实训教程. [M] 哈尔滨：黑龙江大学出版社，2021.

[34]宋秋前，余春丽. 小学语文教学的优化策略[M]. 上海：上海交通大学出版社，2020.

[35]任真伟. 小学语文课程与教学[M]. 成都：电子科技大学出版社，2020.

[36]任光霞. 小学语文课程与教学研究[M]. 长春：吉林人民出版社，2020.

[37]胡冰茹，周彩虹. 小学语文课程教学与设计[M]. 苏州：苏州大学出版社，2020.

[38]杨年丰. 小学语文教学教法[M]. 郑州：河南人民出版社，2020.

[39]向应禄. 小学语文教学设计理论与实践研究[M]. 北京：团结出版社, 2020.

[40]周玉培. 小学语文教学新理念与新实践[M]. 长春：吉林大学出版社，2020.